Chistes 1

MW01265292

tecni-ciencia libros
CCCT 959.03.15 - Lido 952.23.39
Sambil 264.17.65 - El Recreo 706.85.83
Prados 975.18.41 - San Ignacio 264.51.56
El Cafetal 988.04.90 - Valencia 841.11.71
www.tecni-ciencia.com

Fernando Molina

CHISTES
PARA CHICOS Y CHICAS

EDITORIAL DE VECCHI

A pesar de haber puesto el máximo cuidado en la redacción de esta obra, el autor o el editor no pueden en modo alguno responsabilizarse por las informaciones (fórmulas, recetas, técnicas, etc.) vertidas en el texto. Se aconseja, en el caso de problemas específicos —a menudo únicos— de cada lector en particular, que se consulte con una persona cualificada para obtener las informaciones más completas, más exactas y lo más actualizadas posible. EDITORIAL DE VECCHI, S. A. U.

© Editorial De Vecchi, S. A. U. 2003
Balmes, 114. 08008 BARCELONA
Depósito Legal: B. 42.422-2003
ISBN: 84-315-2024-8

—Perdone, ¿es verdad que en esta zona uno puede encontrarse con caníbales?

—¡En absoluto! Puede estar usted tranquilo, el último nos lo comimos la semana pasada.

☆ ☆ ☆

—¿Usted es el señor Pérez? Hay una carta urgente para usted, ha llegado por avión.

—¡No me cuente historias! He visto perfectamente que ha llegado en moto.

☆ ☆ ☆

Un pasajero pregunta al maquinista del tren:

—¿Usted siempre va con retraso?

—No, cuando voy a pie, llego antes.

☆ ☆ ☆

—Mamá, mamá, ¿sabes que soy el mejor de la clase?

—¿Desde cuándo y en qué te basas para ello?

—Desde hoy, cuando he respondido que las ocas tienen tres patas.

—¿Es posible?

—¡Sí, mamá, porque todos mis compañeros han respondido que tienen cinco!

☆ ☆ ☆

Dicen que la política es el arte del compromiso. Sin embargo, nuestros políticos, a veces exageran. Yo conozco uno que nunca se compromete, hasta tal punto que cuando entra en un bar y le preguntan si desea té o café, responde:

—Mitad y mitad.

En una fiesta, la señora López es presentada al doctor Martínez, y ésta le dice:

—Ve, doctor, cada vez que levanto el brazo derecho me duele el costado izquierdo. ¿Qué cree usted que me pasa?

—Lo siento por usted, señora, pero no puedo ayudarla. Yo soy doctor en economía.

—¡Estupendo! Entonces, dígame, ¿mis acciones de Telefónica, bajarán o subirán?

Jaimito rompe un jarrón lleno de flores, lanza una piedra contra una ventana, insulta a una anciana y al final se dice a sí mismo:

—¡Debería ser suficiente! Así cuando vaya a confesarme tendré algo que contar.

Después de cinco años de matrimonio, Rosario se presenta en casa de su madre, llorando:

—¡Mamá, mamá, mi marido es un borracho, y yo no quiero estar ya más a su lado!

—¡Pero, querida! —exclama la madre—, ¿durante todos estos años no te has dado cuenta de que bebía?

—No, mamá —responde la hija—, no sabía que bebiera... ¡hasta la noche pasada cuando llegó a casa sobrio!

Un individuo muy snob se va de viaje a Texas y todo lo que visita le parece desolador, el clima severo, la comida incomestible y la gente maleducada.

En una ocasión, en una fiesta que dan en su honor algunos ricos tejanos, exclama en voz alta para que todos le oigan:

—Yo si fuera el dueño de Texas y del infierno, alquilaría Texas y me trasladaría a vivir al infierno.

Y un viejecito, después de este comentario, exclama:

—Me parece razonable, ¡a cada uno le corresponde su lugar!

Todos sabéis que los autobuses en Londres tienen dos pisos y por ello se llaman *double-decker*. Un día, un individuo sube a uno, paga su billete y sube la escalera que conduce al piso superior. Después de algunos instantes baja deprisa, con la cara blanca y gritando a los demás pasajeros:

—¡Qué nadie suba, por Dios! ¡Arriba no hay conductor!

Dos señoras están conversando en un salón de té.

—¿Sabes —pregunta la primera—, que Miguel Ángel empleó cuatro años para pintar la Capilla Sixtina?

—¿De verdad? —pregunta la segunda—. ¡Igual que el dueño de mi casa para pintar el techo de mi salón!

Durante una rueda de prensa, la reina de Inglaterra responde a las preguntas de los periodistas. Al final de ésta, le es presentado un fotógrafo. La reina lo acoge amablemente, comentando:

—¡Qué agradable coincidencia! ¿Sabe?, yo tengo un cuñado fotógrafo.

—La coincidencia es realmente agradable —responde el fotógrafo—. ¿Sabe que yo tengo una cuñada reina?

☆ ☆ ☆

A donde quiera que fuese, el empedernido fumador no hacía más que leer noticias desconcertantes acerca de los terribles peligros del tabaco.

Al final, estaba ya tan asustado que... ¡dejó de leer!

—¿Qué has hecho hoy, Jaimito?
—He ido al cine.
—¿Y qué tal la película?
—¡No hablemos de ella! La primera parte era realmente una porquería.
—¿Y la segunda?
—También.

El gallo le dice a la gallina:
—¡Pero qué haces! ¿Pones un huevo?
—¡Claro!
—Y ¿por qué?
—Porque he oído a la casera que decía: «Mejor un huevo hoy que una gallina mañana». ¿Comprendes?

En el sur de los Estados Unidos, en un pequeño pueblo a orillas del Mississipi, se encontró el cadáver carbonizado de un tal Sam, un chófer negro. El cuerpo estaba atado, mutilado y apuñalado al menos unas doce veces.

El sheriff, que era también el jefe local del Ku Kux Klan, exclamó:
—¡Es el peor caso de suicidio que he visto jamás!

Después de haber trabajado durante dos años de camarero en un bar, Jaimito se hace monaguillo. El día en que sirve la primera misa, está emocionadísimo. Llega el momento en que debe llenar el cáliz al sacerdote, y Jaimito le dice a éste: ¿Al limón o con soda?

☆ ☆ ☆

Jaimito está tocando el piano en el salón de su casa. El padre está intentando en vano leer el periódico. De repente, el perro, que yacía a sus pies, comienza a ladrar.
Después de un rato, en que continúa este concierto, el padre exclama:
—Jaimito, ¡basta, por Dios! Toca al menos una canción que el perro no conozca.

☆ ☆ ☆

—Papá —pregunta Jaimito—, ¿es verdad que los padres saben más que los hijos?
—¡Naturalmente, hijo, es así!
—Papá, ¿quién ha inventado el barómetro?
—Torricelli.
—Entonces, dime, ¿por qué no fue el padre de Torricelli quien lo inventó?

☆ ☆ ☆

Jaimito le dice a un amigo:
—Sabes, ya he decidido lo que haré de mayor.
—¡Ah, sí! ¿Qué?
—El adulto.

☆ ☆ ☆

El padre de Jaimito va a ver al maestro de su hijo para saber cómo van realmente los estudios.
—Por desgracia —dice el maestro— las cosas no van muy bien. Mire, ayer mismo le pregunté quién ganó entre Roma y Cartago, y no supo responderme.

El padre de Jaimito exclama, entonces:

—¡No lo tiene que tener en cuenta! La culpa es mía. Yo soy una persona moderna. Nunca hablamos de fútbol en casa, y yo no he jugado nunca en mi vida.

Un jugador de golf, para remover el café, ¿qué emplea: la derecha o la izquierda?

—Ni la una, ni la otra. Usa la cuchara.

Un amigo le dice a otro:

—¿Qué hiciste en París?

—Fui a ver a Toulouse-Lautrec.

—¡Ah, sí! ¿Y quién ganó?

¿Quién corre el mayor peligro durante un concurso de tiro al plato en el que participan cien principiantes?

—Los pichones.

¿Sabéis cuál es el colmo de un campeón de salto de altura? Tener la moral por el suelo.

¿Sabéis que hace un cazador para saber si está a punto de llover?

Mira la programación del tiempo en TV.

Un romántico le dice a la chica de la que está enamorado:

—Yo soy como el océano, salvaje y sin reposo...
—Ya lo creo —responde la chica— porque cada vez que te miro me mareo.

Un viejo mirando apasionadamente a una chica, le dice:
—¡Eh, chica! ¿Dónde has estado durante toda mi vida?
—Pues es muy fácil —responde la muchacha—, durante dos tercios de su vida, para empezar yo no había ni nacido.

Un director escocés está filmando una importante escena de batallas en un exterior, por lo que requiere una gran cantidad de gente.
De repente, irrumpe en la escena el productor y comienza a quejarse de la gran cantidad de espontáneos que están presentes y a los que habrá que pagar:
—¿Cómo lo haremos para pagar a tanta gente?
—No habrá necesidad de ello —responde el director—, ¡vamos a emplear en la batalla proyectiles de verdad!

Un estudiante está cortejando a una muchacha, y cuando se decide a acompañarla a su casa, le pregunta:
—¿Conoces la diferencia entre un taxi y un autobús?
—No —responde la muchacha.
—Entonces, podemos perfectamente coger el autobús.

Un amigo le pregunta a otro:
—¿Por qué en lugar de beber vino no bebes leche?
—¡Buena idea! Lo haré cuando las vacas coman uva.

11

En el puerto de San Francisco, un niño llora y se lamenta:
—Papá, no quiero ir hasta Japón.
—¡Coraje, Jaimito —le dice el padre—, calla y nada!

★ ★ ☆

El médico después de haber visitado al enfermo, le dice a su mujer:
—Señora, realmente no me gusta el aspecto de su marido.
—A mí tampoco, doctor, pero es tan bueno con los niños y conmigo...

★ ★ ☆

¿Sabéis por qué los niños menores de cinco años no pueden formar parte de la escuela de paracaidistas?
¡Porque no saben contar hasta diez!

★ ★ ☆

En alta mar, un marinero contemplando a una sirena, le dice a otro:
—Yo pensaba que las famosas sirenas eran mitad mujeres y mitad peces, ¡pero al revés!

★ ★ ☆

Un guardia, le dice a un niño que está pescando:
—Escucha, muchacho, aquí está prohibido pescar, o sea que te voy a poner una multa.
—Pero, señor, yo no estoy pescando —responde el chico.
—Y la caña, el azuelo y el gusano, ¿qué son?
—¡Ah, sí!, es verdad, pero yo estoy enseñando a nadar al gusano.
—¡Ah, está bien!, pero la multa te la voy a poner igual.
—¿Por qué?
—Porque tu gusano se baña desnudo.

Un inspector escolar visita una escuela de un pueblecito y comienza a preguntar a los muchachos sobre ciertos problemas de matemáticas que presentan dificultades. Después de dos horas, pregunta:

—¿Alguno de vosotros desea hacer alguna pregunta?

—Sí, señor —responde uno de ellos—, ¿a qué hora sale su tren?

Durante una operación quirúrgica, el cirujano sufre un infarto. El paciente, bajo anestesia local, se da cuenta de ello y llama en seguida al cirujano que estaba operando a unos pocos metros de distancia.

—Lo siento —responde éste, apenas licenciado en medicina y de profesión, ex camillero—, lo siento, señor, pero ésta no es mi mesa.

Jaimito le dice a su maestra:

—Por la mañana me detesto.

—Ahora comprendo —añade la maestra— por qué duermes hasta las doce del mediodía.

Un amigo le pregunta a Jaimito:

—Oye, ¿cómo es tu chica?

—Mejor que nada —responde Jaimito.

¿Cuál es el libro más breve del mundo?

Aquel que recoge las biografías de los catalanes generosos.

¿Qué es más obstinado que un catalán obstinado?
Dos catalanes obstinados.

Un periodista le pregunta a un importante personaje de Roma:
—¿Su esposa es romana?
—Sí, mi esposa es típicamente romana. De hecho, se parece a Julio César.

¿Cuál es el colmo de un gran cómico?
Ser un artista «serio».

¿Cuál es el colmo de una tabla de surf?
Practicar el surf cuando el mar es una tabla.

¿Cuál es el colmo de una joven apasionada por las antigüedades?
Casarse con un octogenario.

¿Cuál es el árbol más triste?
El sauce llorón.

¿Cuál es el árbol más largo?
El árbol genealógico.

¿Cuál es el árbol más luminoso?
El árbol de Navidad.

Durante un concierto, una señora exclama en voz alta:
—¡Es demasiado larga esta música! ¡Demasiado larga!
El director de orquesta que oye el comentario, se gira y responde:
—¿No será, señora, que usted es demasiado corta?

—Abuelito —pregunta Jaimito— ¿De dónde vengo yo?
—De una col, pequeño.
—¿Y yo abuelito? —pregunta Teresita.
—De una flor, pequeña.
Los dos pequeños, se miran perplejos y, entonces, Jaimito le dice a su hermanita:
—Qué crees tú, ¿se lo decimos?

Una muchacha le dice a otra en un museo, frente a dos estatuas desnudas:
—Mira la diferencia, los chicos tienen una hoja.

En la clase de matemáticas, la maestra le pregunta a Jaimito:
—¿Cómo lo haces para contar hasta 10?
—Con las manos, señorita.
—¿Y hasta once?
—Entonces me ayudo con los pies.

☆ ☆ ☆

Un estudiante de medicina le dice al cirujano:

—Doctor, ¿por qué cuando operaba tenía el manual de cirugía entre las manos?
—Para saber si lo hacía bien.

Un marido que tiene una mujer muy habladora va corriendo al médico y le dice:
—Doctor, por favor, venga corriendo a visitar a mi esposa, le sucede una cosa extrañísima...
—Voy, voy ¿pero qué síntomas presenta?
—Pues, desde hace algún tiempo, cuando habla hace algunas pausas...

Durante la guerra, un enviado de la Cruz Roja va a visitar un hospital en el campo. Entre los utensilios médicos descubre un martillo, y, sorprendido por ello, llama inmediatamente al oficial médico:
—¿Y esto que hace aquí?
—Bueno, es por si se nos acaba el éter.

Después de una difícil operación, el paciente es conducido a la habitación. Su estado físico se complica y la situación es ya irreversible. El cirujano, entonces, se sienta a su lado para consolarlo:
—Coraje, hijo mío. Nos encontraremos de nuevo en el Paraíso.
—¡No lo creo, doctor! El Paraíso está reservado para aquellos que operan bien.

¿Sabéis cuál es el colmo de un automovilista?
Tener la rueda de la fortuna pinchada.

Jaimito le pregunta a su madre:

—Mamá, ¿puedo ir a jugar con el niño del piso de arriba?

—¡No, Jaimito, sabes perfectamente que ese niño no me gusta!

—Entonces, ¿puedo ir a pegarle?

Jaimito le dice a su maestra:

—Sabe, quiero decirle que la quiero.

Y la maestra:

—Oh, gracias, yo también te quiero.

—Pero yo la amo verdaderamente y con un amor de verdad.

—Jaimito, no me gustan los niños, deberías comprenderlo.

—¡Está bien! No se preocupe que no tendremos.

Una caravana, compuesta por veinte tuaregs y cuatro europeos atraviesan el Sahara. De repente, uno de ellos vislumbra un hombre a lo lejos que va en traje de baño y con una toalla en la espalda.

—¿Se ha perdido? —le preguntan.

—¡Qué va! Voy a bañarme.

—¡Pero el mar se encuentra al menos a cien kilómetros de aquí!

—¿Ah, sí? Hermosa playa, pues, ¿no les parece?

Un famoso jugador de tenis se presenta a un partido de Copa Davis, al menos con dos horas de retraso. El público está enfurecido y el árbitro va a su encuentro y le reprende:

—¡Usted se ha presentado con dos horas de retraso! ¿Me figuro que tendrá un buen motivo?

—¡Naturalmente, estoy esperando un hijo!

—¡Ah, me figuraba que debería tener un buen motivo! ¿Y para cuándo lo espera?

17

—Para dentro de nueve meses.

El profesor le pregunta al alumno:
—¿Cuánto suman dos y dos?
—Cinco —responde el niño.
—¿Me estás tomando el pelo?
—No, es que todo sube en la vida —responde el alumno.

En una pista de tenis, un barón inglés está jugando a tenis con su esposa, que es ciega de un ojo. De repente, le golpea con la pelota en el ojo sano. Entonces, sin inmutarse le dice:
—Perdóname, querida.
Y luego añade:
—¡Buenas noches!

En un bar de cazadores, hay uno que está presumiendo de sus hazañas, y dice:
—En estos diez días de caza ya he cazado noventa y nueve perdices.
—¡Bueno! Podrías redondear la cifra.
—¡Ni lo sueñes! ¿Por qué decir una mentira por una sola perdiz?

Un cazador llega a su casa sin haber cazado nada, y su esposa le dice:
—¿Esta vez no has cazado nada? Muy bien, ¡eso quiere decir que has ido realmente a cazar!

Un individuo está pescando tranquilamente, cuando se le acerca otro muy nervioso y le dice:

—Por favor, ¿ha visto pasar una mujer vestida de rojo?

—Sí, no hace mucho...

—Es que es mi esposa, ¿cree que se ha alejado mucho?

—No demasiado. ¡La corriente, hoy, no es muy fuerte!

Un español desafía a un campeón de judo japonés. Después de algunos segundos de haber empezado la lucha, exclama:

—¡Por favor, por favor, un intérprete, rápido! Quiero saber cómo se dice ¡basta! en japonés.

¿Qué diferencia hay entre nuestro equipo de fútbol preferido y un chiste?

Ninguna. Los dos hacen reír.

En África un cazador se encuentra frente a un león. Entonces, temeroso se dirige a Dios y le dice:

—¡Señor, por favor, inspira a esta bestia sentimientos cristianos!

Y entonces el león empieza a recitar:

—¡Señor, bendice este alimento que me voy a tomar!

Un sacerdote está hablando, durante la hora de religión, del fin del mundo.

—El día del juicio será horrible, la tierra temblará, el mar se abrirá, los volcanes vomitarán fuego y las casas serán aspiradas por la tierra. Será el fin del mundo, muchachos. Y ahora meditemos y recemos.

Entonces, desde el fondo de la clase, se oye la voz de Jaimito que pregunta:
—¿Dígame, padre, aquel día tendremos vacaciones?

Jaimito le dice a su madre:
—Mamá.
—Sí, Jaimito.
—Creo que el niño Jesús no recibirá mi carta.
—¿Por qué, querido?
—Porque no sé el número de su código postal.

Un alpinista presume ante sus amigos:
—La cualidad fundamental para un alpinista es el coraje. Esta cualidad no ha faltado nunca en mi familia. Por ejemplo, mi abuelo tuvo el coraje de subir al Mont Blanch en pleno invierno y a veinte grados bajo cero...
—¡Qué éxito cuando bajó!
—¿Y quién ha dicho que luego bajó?

Un pescador pregunta a un agricultor:
—¿Sabe usted si se puede pescar en aquel estanque?
—Claro que se puede.
—Entonces, ¿si pesco un pez no será una infracción?
—No, ¡será más bien un milagro!

Safari en África:
El cazador baja del jeep y empieza a caminar por la selva con el fusil al hombro.
De repente, un leopardo se le echa encima, iniciándose así una

lucha cuerpo a cuerpo. Después de algunos instantes, se oye una voz que procede del jeep:

—Querido, deja que se vaya, he cambiado de idea. Ya no quiero el abrigo de leopardo, me gustaría más uno de zorro.

Un joven industrial, campeón de golf, va un día al campo acompañado de su suegra, para que ésta pueda admirar la habilidad deportiva que posee. Mientras está preparándose para golpear la pelota, le dice a un compañero de juego:

—Me gustaría tanto realizar un buen golpe. Allí está mi suegra.

—No te empeñes, ¡es imposible golpearla a esta distancia!

Un campeón automovilístico cuenta a los amigos:

—¡Un coche fantástico! No me cansaré jamás de conducirlo. Ayer, por ejemplo, empezó a devorar la carretera y cada vez iba más deprisa, cada vez más deprisa...

—¿Y luego? —preguntan los amigos.

—Luego se detuvo. ¡Seguramente cogió una indigestión!

Un hombre de negocios le dice a otro:

—Mi secretaria es estupenda. ¡Logra pulsar veinte errores por minuto!

Jaimito le pregunta a su padre:

—Papá, ¿qué haces en la oficina?

—Nada.

—¿Y cómo lo haces para saber cuándo has terminado?

Jaimito entra en una pastelería y dice:

—¿Me da un bombón de licor? Es que quiero emborracharme porque debo olvidar a una niña.

La madre entra en la cocina y encuentra a Jaimito inmóvil y extasiado frente a la nevera abierta.

—¿Qué haces, Jaimito?

—Lucho contra las tentaciones, mamá.

¿Qué diferencia hay entre un helado de cien pesetas y otro de ochenta?

Veinte pesetas.

Entre viejos amigos.

—¡Sabes, mi mujer es un ángel!

—¡Qué suerte! La mía todavía está viva.

Llaman por teléfono y preguntan:

—Jaimito, ¿está mamá?

—No.

—¿Y papá?

—No, está en la oficina.

—¿Estás solo en casa?

—No, está mi hermana.

—¡Ah! ¡Estupendo! Pásamela.

—Sí.

Jaimito deja el teléfono, pasan unos instantes y de nuevo toma el auricular y dice:

—Oiga, no puedo pasarle a mi hermana.

—¿Por qué?

—¡Porque no logro sacarla de la cuna!

Jaimito pregunta a su padre:
—¿Papá, tú cómo naciste?
—Una noche de primavera, mis padres fueron al huerto y me encontraron debajo de una col, entonces me llevaron a casa.
—¿Y mamá?
—La trajo una cigüeña.
—¿Y yo?
—Tú viniste de París, te trajo el cartero.
—¿Papá?
—Sí, pequeño.
—¿Ha habido alguna vez un parto normal en nuestra casa?

Después de un partido de fútbol muy dificultoso, los españoles vencen al equipo alemán por uno a cero. El portero español confiesa:
—Hemos vencido porque hemos rezado antes de comenzar el partido.
Un jugador del equipo contrario que lo escucha, dice:
—No lo puedo comprender... También nosotros hemos rezado.
—Sí, pero vosotros habéis rezado en alemán.

¿Sabéis dónde se ha entrenado el atleta que corre como una liebre, salta como un canguro, nada como un pez y es fuerte como un león?
En el zoo.

La madre de Jaimito le dice a éste:

—Pero, ¿cómo puedes hablar con la boca llena?
—Sé que no es fácil, por eso me entreno todos los días.

Jaimito baja deprisa del autobús, cuando de repente tropieza y cae. Una señora que lo ve, se acerca con compasión y le dice:
—Pequeño, ¿te has hecho daño?
—No, señora, en absoluto, es mi forma habitual de bajar del autobús.

Jaimito le dice a su padre:
—Papá, el problema que me hiciste ayer estaba equivocado.
—Lo siento —admite el padre—, pero era muy difícil.
—¡Bah! Consuélate —concluye Jaimito—, se han equivocado también los demás padres.

Jaimito le dice a su madre:
—¡Oh gracias, mamá, lo has encontrado! Lo he buscado tanto...
Mientras, ésta yace en el suelo desmayada con un sapo colocado encima de su cabeza.

Jaimito dice a su padre:
—¿Papá?
—¿Sí, Jaimito?
—Papá, el padre de Roberto me ha telefoneado para saber si por la tarde puede venir a hacer los problemas de matemáticas contigo.

Jaimito le dice a su padre:
—¡Mira, papá, un avión macho!
—No, pequeño, aquello son las ruedas.

Un sacerdote está explicando a sus alumnos el milagro de la creación del mundo.
Jaimito escucha atentamente, y luego pregunta:
—Pero, profesor, ¿cómo es entonces que mi padre ha dicho que descendemos del mono?
Y el profesor le responde:
—¡Di a tu padre que la historia de vuestra familia no nos interesa!

¿Sabéis qué es un productor cinematográfico?
Uno que se lo debe todo a su buena estrella.

En la autopista, un automovilista va a ciento ochenta kilómetros por hora. De repente, lo detiene un policía y le pide el permiso de conducir:
—¿Conducía muy deprisa? —pregunta el automovilista en un tono contrariado.
—¡Oh, no! —responde el policía—. ¡Estaba volando muy despacio!

Un chico le dice a un chica:
—¿Te ha dicho alguien que eres hermosa?
—No, no creo…
—Entonces, ¿cómo se te ha ocurrido que lo eres?

El agricultor le dice a un chico que está subido a un árbol:

—¿Qué haces, chico, subido a ese manzano?

—¿Ve, señor?, una de estas manzanas se ha caído y yo estoy intentando colocarla en el mismo sitio.

Una mujer le dice a su marido:

—Sabes, tesoro, cada vez que tomas una curva a gran velocidad, me muero de miedo.

—Lo comprendo —responde el marido—, te aconsejo que hagas como yo...

—¿Y tú qué haces?

—Cierro los ojos.

La madre de Jaimito le dice a éste:

—Jaimito, ¿has llenado ya el salero?

—No, todavía no, mamá, ¡no te puedes imaginar hasta qué punto resulta difícil meter los granitos de sal en estos agujeritos tan pequeños!

Un amigo le pregunta a otro:

—¿Cómo es que tu hermana que era tan delgada está tan gorda?

—Porque trabaja en un estudio de fotografía.

—¿Y esto qué tiene que ver?

—Pues tiene mucho que ver, ¡porque está casi siempre en la sala de desarrollo!

Un amigo le dice a otro:

—¿Vas a cenar a algún sitio esta noche?

—No, no creo.

—¡Caramba, pues mañana por la mañana estarás muerto de hambre!

Un director de hotel se dirige a un cliente que atraviesa el hall en pijama:
—Pero usted, ¿en qué está pensando?
—¡Oh, perdóneme! Soy sonámbulo.
—Sepa que aquí no está permitido pasearse en pijama, cualquiera que sea su religión.

Un amigo le dice a otro:
—Sabes, ¡he perdido el tren!
—¿De verdad?
—Por desgracia, sí.
—¿Y por cuánto tiempo?
—Por un minuto.
—Bueno, no te lo tomes así... ¡Parece que lo hayas perdido por una hora!

Entre dos que discuten:
—¡Usted es un cretino!
—¡Mida las palabras!
—Las he medido... ¡y usted resulta ser un cretino preciso, preciso!

¿Dónde duerme un gorila de dos toneladas de peso?
Donde prefiere.

¿Qué diferencia hay entre una pulga y un elefante?
Que el elefante puede tener pulgas y la pulga no puede tener elefantes.

¿Qué es lo que produce Francia y que ningún otro país produce?
Los franceses.

¿Qué es lo primero que hace un niño cuando cae al agua?
Se moja.

¿Qué diferencia hay entre una botella de medicina y un chico travieso?
Que la primera debe agitarse bien antes de tomarse y que el segundo debe tomarse y agitarse bien.

En una oficina:
—¡Esta no es manera de insultar al jefe!
—¿Por qué? ¿Conoce otra mejor?

El capitán de un barco pregunta al nuevo marinero:
—En caso de naufragio, ¿salvarías a los pasajeros o a mí?
—A mí.

Jaimito le pregunta a su madre:

—Mamá, ¿cómo se llamaba la estación donde hace un cuarto de hora se ha parado el tren?
—No tengo ni la menor idea, Jaimito. Estaba leyendo y no he prestado atención.
—Entonces, ¡peor para ti, porque mi hermanito ha bajado allí!

La anfitriona de una casa que está sentada en el piano, se dirige al invitado:
—Me han dicho que usted es un amante de la música...
—Sí, pero no importa, ¡toque si lo desea!

Una madre le dice a otra:
—¿Qué será tu hijo cuando acabe los estudios?
—Al menos sexagenario.

—¿Cuántos años tienes, Susana?
—Ocho.
—¿Y qué harás cuando seas mayor como tu madre?
—Hacer un buen régimen.

Entre amigos:
—¿Dónde estuviste ayer por la noche?
—Fui al teatro a ver «Ricardo Sexto» de Shakespeare.
—¿«Ricardo Sexto»? ¿Pero no es «Ricardo Tercero»?
—Seguro que es «Ricardo Tercero», pero yo lo he visto dos veces.

La maestra le pregunta a Jaimito:

—Jaimito, ¿cuántos sexos hay?
—Tres.
—Enuméralos.
—Masculino, femenino y *con*.
—¿Qué quiere decir *con*?
—Consexo, señorita, consexo.

En la escuela.
—Mirad, chicos —dice el profesor—, si Julio César estuviera vivo, incluso hoy sería un hombre excepcional...
—¡No hay duda! —exclama Jaimito—. ¡Tendría más de dos mil años!

Un amigo le pregunta a Jaimito:
—Jaimito, ¿qué escuela prefieres?
—La cerrada.

En una discusión, uno le dice a otro:
—No me gusta nada lo que me has dicho, te concedo dos minutos para que lo retires.
—¿Y si no lo retirara en dos minutos?
—¡Entonces te concedería más tiempo!

Padre e hijo:
—Jaimito, ¿cómo es que sales con Ana María?
—Porque Ana María es un chica distinta de las demás.
—¿En qué sentido?
—¡En el sentido de que es la única chica que quiere salir conmigo!

Entre enamorados:
—Querido, ¿me amas de verdad?
—¡Claro que sí, amor mío!
—¿Morirías por mí?
—No, ángel, ¡mi amor es un amor inmortal!

Un anciano le dice a una jovencita compañera de viaje:
—Las mujeres, son una desilusión continua.
—Es verdad —responde la jovencita, pero los hombres van a la caza continua de desilusiones.

Un amigo le dice a otro:
—Ayer vi a un recién nacido que ha aumentado veinte kilos en dos semanas bebiendo leche de elefante.
—¡No me digas! ¿Y de quién era hijo?
—Del elefante.

☆ ☆ ☆

Entre locos:
—Entonces, ¿el domingo pasas a buscarme para ir a paseo?
—Sí, pero ¿y si llueve?
—Entonces pasas el día antes.

☆ ☆ ☆

Un mendigo va al sastre y le dice:
—Por favor, hágame un smoking, porque debo ir a mendigar a un barrio elegante.

☆ ☆ ☆

Uno entra en un bar con un huevo de Pascua, y le pide al camarero:

33

—¡Un licor!
Y éste le pregunta:
—¿Al huevo?
—¡No, no, al huevo no, para mí!

Un profesor les hace escribir a sus alumnos lo que harían si fueran millonarios. Los estudiantes empiezan a escribir, excepto uno que permanece inmóvil, con la cabeza alta y mirando por la ventana, luego le entrega al profesor la hoja en blanco, y éste le pregunta:
—¿Por qué no has hecho nada?
—Bueno, he hecho lo que haría si fuese millonario.

El doctor al enfermo:
—Usted tiene necesidad de, al menos, dos meses de mar.
—¿Pero, está seguro?
—¿Por qué? Hace treinta años que soy médico.
—Y yo hace cuarenta años que soy bañista.

Un mecánico ha contratado a un chico para que le ayude en el trabajo. Éste no tiene ganas de hacer nada y es lento. Un día, harto ya, el mecánico le pregunta:
—¿Pero hay algo que sepas hacer deprisa?
—Sí, señor, ¡cansarme!

El padre lee en el periódico que un jefe de estado extranjero visitará próximamente el país: «El ilustre invitado será acogido por los tradicionales veintiún cañonazos».
El hijo de seis años que lo ha escuchado interesado, reflexiona y luego pregunta:

—Perdona, papá, ¿pero si le dan con el primer cañonazo, los otros veinte los disparan igual?

☆ ☆ ☆

En un país dictatorial, un ciudadano que había cometido la grave imprudencia de declarar en voz alta, por la calle, que el ministro del Interior era un imbécil, fue condenado a veinte años de prisión: cinco años por difamación, y quince años por haber divulgado un secreto de Estado.

☆ ☆ ☆

Una distinguida anciana está muy contenta con su nuevo chófer. Es un hombre muy fiel, trabajador y discretísimo. El único aspecto que no le gusta demasiado es que es muy dejado, razón por la cual la señora decide decirle que cuide mejor su aspecto externo. Para no ofenderlo, un día, mientras está sentada en el coche, detrás suyo, le dice:
—Juan, ¿cada cuántos días cree que es necesario afeitarse para presentar siempre un aspecto correcto?
—¡Oh, señora condesa, con una barba débil como la suya, creo que con una vez cada tres o cuatro días es más que suficiente!

☆ ☆ ☆

Un empleado bastante dormilón tiene la costumbre de llegar a la oficina siempre con media hora de retraso respecto a su horario. Sin embargo, una mañana, inexplicablemente, llega sólo con un cuarto de hora de retraso respecto a los demás. El jefe de la oficina lo mira sorprendido y le dice:
—¡Felicidades! ¡Es la primera vez que usted llega con retraso tan pronto!

☆ ☆ ☆

Dos industriales que se han hecho a sí mismos, se encuentran en un bar.

—¿Has encontrado a la secretaria que buscabas?
—Creí haberla encontrado: una buena chica, voluntariosa, pero he tenido que despedirla después de diez días. Piensa que no tenía la menor idea de lo que es la ortografía.
—¿De verdad? ¡Es increíble!
—De verdad. Piensa que cuando le dictaba las cartas, cada dos o tres líneas me interrumpía para preguntarme si una palabra se escribía con «b» o con «v», o si llevaba «h» o no... ¡Al final no hacía más que pasarme las horas consultando el diccionario!

Un matrimonio.
Ella: ¡Mañana hace cincuenta años que estamos casados! ¿Qué se puede hacer para celebrarlo, querido?
Él: ¡Un minuto de silencio!

Dos amigos se encuentran después de mucho tiempo:
—¿Qué tal estás?
—Bien, trabajo mucho, y he podido comprarme un seiscientos. ¿Y tú?
—Yo bebo.
Se despiden y se vuelven a encontrar después de tres años:
—¿Cómo estás?
—Bien, me he comprado un Seat Panda, ¿y tú?
—Yo bebo.
Pasan otros tres años y vuelven a encontrarse de nuevo:
—¿Cómo estás?
—Muy bien. Ahora me he comprado un Seat modelo familiar, ¿y tú?
—Yo me he comprado un Porsche.
—¿Un Porsche? ¿Y cómo lo has hecho?
—He vendido los envases vacíos.

A las diez de la mañana, el padre entra rápidamente en la habitación de su hijo y lo encuentra todavía en la cama. Lo agita y le dice indignado:

—¿No te da vergüenza de estar todavía en la cama a esta hora? ¿No sabes que el dinero lo hacen aquellos que se levantan pronto?

—Sí —añade el hijo—, pero como el dinero no da la felicidad, déjame seguir durmiendo.

Juego de palabras.
Un amigo le dice a otro:

—Ayer me quedé literalmente con la boca abierta al ver que mi mujer se había quedado durante más de una hora con la boca cerrada.

Entre amigas:

—¿Tu marido ya se ha curado de la cleptomanía que padecía?

—No, pero va mejorando, ahora me trae a casa objetos más valiosos.

Un mendigo, sin empleo, tiende la mano a todos los transeúntes que pasan por su lado. En el cuello lleva un cartel que dice: «desocupado: sin trabajo desde hace tres años».

Pasa una persona que se compadece de él, le da diez pesetas y le dice:

—¡Pobre! Te hubiera dado más, pero no puedo, ¡también yo estoy sin trabajo desde hace ocho días!

—¡No me cuente historias! Si se tienen ganas de trabajar, un empleo siempre se encuentra.

El director de una gran empresa ha convocado en su oficina a todos los empleados para explicarles cómo va la empresa. Indica en un gráfico, que cuelga de la pared, y dice:

—Señores, ese gráfico indica, mes por mes, las ganancias de la empresa. Como ustedes pueden observar, la línea durante estos últimos tiempos no ha hecho más que descender. Por ello les he convocado aquí para que examinen la situación. Quien tenga una idea que resulte útil para que la línea pueda ascender, ruego la exponga en una carta que echará en este buzón, al cual le llamaremos «el buzón de las ideas». ¿De acuerdo?

Al día siguiente, el director abre el buzón y se encuentra una carta. La abre enseguida y lee «Ponga usted el gráfico al revés».

Una señora llega a su casa eufórica y le cuenta a su marido:

—¡Maravilloso! ¡Hoy en los grandes almacenes me han llamado «señorita»!

—No te sorprendas demasiado, querida mía. Es evidente que nadie puede llegar a pensar que alguien se haya podido casar contigo.

En Cataluña:

—¿Usted sabe conducir un coche?

—No.

—Entonces, ¿le importaría vigilar el mío durante unos minutos?

Entre escoceses:

—Yo tengo una memoria prodigiosa, ¡cualquier cosa que me entra en la cabeza ya no se me olvida!

—Y… aquel dinero que te presté hace dos años, ¿cuándo lo recordarás?

—Pero aquel dinero no me entró en la cabeza, ¡sino en el bolsillo!

Doctor y paciente:
—Doctor, usted hace cinco años me aconsejó evitar la humedad para combatir el reuma. Ahora me he curado, ¿puedo lavarme de nuevo?

La maestra le dice a Jaimito:
—¿Por qué no abres nunca los libros de matemáticas y de gramática española, que son las dos materias principales?
—¡Para ahorrar las materias primas, señorita!

En Escocia:
—¿A dónde vas?
—A Edimburgo, en viaje de bodas.
—Pero... ¿y tu mujer?
—Ella se queda en casa, porque en Edimburgo ya ha estado.

Escena familiar.
El marido examina colérico los gastos que ha realizado su esposa. De pronto le dice:
—¿Has pensado alguna vez en no gastar más de lo que nuestros medios nos permiten?
Y la esposa con mucha calma, le contesta:
—Y tú, ¿has pensado en ganar más de lo que nuestros medios nos permite?

En la oficina:
—Por un error de contabilidad, el cajero me dio la semana pasada cincuenta pesetas de más. Hoy me ha dado cincuenta pesetas menos y he protestado.
—Pero la vez anterior no protestaste.

—¡Claro! un error pasa..., ¡pero dos, no!

Un millonario tejano que debe su fortuna al negocio del petróleo, se está tomando una sopa de pescado en un famoso restaurante de la Costa Azul, cuando de pronto una espina se le clava en la garganta. De repente su rostro se congestiona, su respiración se dificulta y empieza a sofocarse, y entonces susurrando le dice a su esposa, que lo observa preocupada:
—Rápido... No te quedes ahí mirando como una tonta. ¡Corre a comprarme un hospital!

Entre la mujer y el marido:
—¿Cómo, otro traje nuevo? ¿Pero dónde crees tú que yo encuentro el dinero para pagarlo?
—Querido, ¡sabes muy bien que yo no soy curiosa!

En España, en el autobús está escrito: «No hablar con el conductor».
En Alemania: «Prohibido hablar con el conductor».
En Inglaterra: «Es de mala educación hablar con el conductor».
En Escocia: «¡Qué ganáis hablando con el conductor!».

En el tribunal, el juez le dice al acusado:
—Usted ha roto el cristal de una tienda: o 10.000 ptas. o un mes de prisión. ¡Escoja usted!
—Bueno, déme las 10.000 ptas.

Un amigo le dice a otro:

—Debo decirte un secreto: necesito diez mil pesetas prestadas.

—Cuenta con mi silencio, es como si no lo hubiese oído.

A propósito de los viajes pagados a plazos, un marido le dice a su esposa bajo una palmera del Caribe:

—Aprovecha hasta el último día de «viajar ahora», porque mañana empieza el «pagar después».

En un museo un visitante cansado se sienta en una soberbia silla. De pronto, el vigilante que lo está observando, se acerca rápidamente y le dice:

—Señor, no puede sentarse aquí, es la silla de Luis XV.

—¡Ah! Bueno, no se preocupe, cuando llegue ya le cederé el sitio.

Un mendigo le dice a un transeúnte:

—¡Haga caridad, buen hombre!

—Ahora tengo prisa, ya te daré algo cuando vuelva a pasar por aquí.

—¡Sería mejor ahora! Usted no puede tener idea de cuánto dinero he perdido concediendo créditos de esta manera.

—¿Es suyo aquel perro que me ha robado un trozo de carne?

—Sí, era mío, pero ahora trabaja por su cuenta.

☆ ☆ ☆

Un muchacho de Hollywood le pregunta a un compañero:

—¿Tienes hermanos o hermanas?
—No lo sé. Sólo sé que tengo tres papás de mi primera mamá y dos mamás de mi primer papá.

Un niño de siete años pregunta a su padre:
—¿Por qué te casaste con mamá?
—Te lo preguntas también tú, ¿verdad?

Dos cónyuges están delante del juez para discutir su causa de divorcio.
—¿Por qué desde hace diez años no dirige la palabra a su esposa? —pregunta el magistrado al marido.
—¡Para no interrumpirla!

El juez pregunta a un hombre que está decidido a separarse de su mujer:
—¿Cuántos años tenía cuando se casó con ella?
—No lo recuerdo con exactitud, pero realmente no había alcanzado todavía el uso de razón.

Jaimito es interrogado por el profesor:
—¿Sabes qué es lo que se entiende por «lengua madre»?
—Claro, señor profesor. Por lengua madre se entiende aquella que hace callar al padre.

Un individuo se dirige a una comisaría y le dice al comisario:
—Ya vine ayer para denunciar la desaparición de mi esposa.
—¡Ah, sí!, recuerdo.

43

—Suspenda usted la búsqueda.
—¿La ha encontrado?
—No, he reflexionado.

Entre amigas:
—¿Cómo lo haces para convencer a tu marido de que te lleve cada día a cenar fuera?
—Es muy simple, primero explico a mi marido qué es lo que le voy a cocinar para cenar.

En la sombrerería:
—¿Cuánto cuesta este sombrero?
—Dos mil pesetas.
—Por menos precio ¿qué puedo tomar?
—La lluvia.

Un hombre con la cabeza llena de golpes y la cara hinchada se dirige al juez, pidiendo que se le conceda la separación legal.
—Mi mujer, desde que nos casamos, no hace otra cosa que tirarme objetos de todo tipo a la cabeza.
—Pero sólo después de veinte años de matrimonio se ha decidido usted a solicitar la separación. ¿Cómo puedo tomar en serio su petición?
—Verá, el hecho es que su puntería ha mejorado notablemente de un año a esta parte.

Una viuda se presenta en la compañía de seguros para pedir lo que le corresponde:
—Se equivoca, señora. El seguro que realizó su marido no era un seguro de vida sino contra incendios.

—¡Oh, Dios mío! ¡Si lo sé lo hago quemar!

Entre amigos:
—Mi criado ha escapado con la caja fuerte y con mi hija. Pero con el tiempo empieza a tener remordimientos y me lo reembolsa poco a poco.
—¡Ah! ¿Te ha devuelto el dinero?
—No, todavía no, pero me ha restituido a mi hija.

En una conferencia:
—Al principio de mi carrera —explica el conferenciante—, entré a trabajar de cajero en una empresa. Entonces me di cuenta de que se obtenían ganancias deshonestas y yo, naturalmente, me fui...
Y una voz del público exclama:
—¿Y con cuánto?

Javier es un hombre guapo, distinguido, simpático y muy culto. Su mujer, sin embargo, es fea, ignorante y vulgar.
Un día un amigo le pregunta:
—Perdona mi indiscreción, pero ¿cómo conociste a tu mujer?
—No fue en una circunstancia muy romántica. Un anuncio matrimonial que me costó cincuenta pesetas.
—Comprendo. Por esta cantidad de dinero, realmente, no podías encontrar nada mejor.

☆ ☆ ☆

Un mendigo sin un duro en el bolsillo llama al timbre de una casa con jardín, y a la señora que se asoma a la ventana le dice:
—¿Tiene usted un viejo vestido para regalarme?
A lo que la señora responde:

—¿Y no le parece ya bastante viejo el que lleva encima?

Un guardapesca sorprende a un pescador pescando en una zona prohibida, por lo que le dice:

—Señor, usted no puede pescar aquí, por lo que le tendré que poner una multa.

—¡Pero si yo no pesco! —responde el pescador.

El guardia, entonces, abre el cesto del pescador y se encuentra un periódico enrollado, en cuyo interior encuentra cuatro peces.

—¿Y esto qué es? —exclama triunfante.

A lo que el pescador responde impasible:

—¿Pero cómo? ¿Usted es de aquellas personas que a estas alturas todavía cree lo que dicen los periódicos?

Entre amigas:

—¡Qué muebles tan magníficos tienes! ¿De qué época son?

—De la época en que teníamos dinero —exclama amargamente la otra.

La esposa de un nuevo rico ha sido rescatada mientras se estaba ahogando en el mar. En seguida se la lleva a la orilla y es circundada por un círculo de gente.

—Es necesario hacerle la respiración artificial —sugiere uno, observando que la señora está todavía sin sentido.

—No, no —interviene el marido—. Hagámosle la verdadera, yo corro con los gastos, ¡que puedo pagarlo!

Un muchacho de quince años se acerca a una niña, de la que está enamorado y le dice:

—Si adivinas lo que tengo escondido entre las manos, te pago el cine.

—¿Un elefante?

—No, pero te has acercado bastante. Pasaré a buscarte a las cinco.

Una amiga le dice a otra:

—Yo sólo escucho las súplicas de los pobres que merecen mi atención.

—Y ¿cuáles son?

—Los que no piden nada.

El juez le dice al acusado:

—Es usted un miserable, ¡asesinar a un hombre por sólo doscientas pesetas!

—Pero debe comprender, señor juez, que yo debo vivir, y doscientas pesetas de aquí y doscientas pesetas de allá...

Entre criadas:

—¿Te has enterado de que la señora Pérez ha ingresado en el hospital por envenenamiento?

—¡Se habrá mordido la lengua!

Un amigo le dice a otro:

—Tú tienes la misma nariz que tu padre.

Y el otro exclama:

—¡Nada de eso! En nuestra familia tenemos medios suficientes para que cada uno tenga su propia nariz.

Roban en una tienda de ropa y los ladrones se llevan todos los vestidos. Al día siguiente, el propietario coloca un cartel en el escaparate que dice: «También los ladrones se visten en nuestra tienda».

Un espléndido crepúsculo a dos mil metros de altura.
Personajes: un volcán y una montaña cercana. Éste le pregunta a aquélla:
—Perdóneme, ¿le molesta el humo?

☆ ☆ ☆

Claudio y Ana son dos amigos. Siete años tiene él y seis ella. Es la edad de los grandes amores, por eso un día Claudio le dice a su amiguita:
—Sabes, estoy realmente enamorado de ti. ¿Qué dirías si de mayores nos casamos?
La niña reflexiona y luego mueve la cabeza:
—No creo que haya nada que hacer. En nuestra familia estamos acostumbrados a casarnos entre nosotros: mi abuelo se ha casado con mi abuela, mi padre con mi madre, y así todos los demás...

☆ ☆ ☆

Después de un naufragio, un funcionario realiza un interrogatorio a los supervivientes:
—¿Es usted —dice dirigiéndose a uno de ellos— el que nadando con gran valentía salvó a su esposa?
—Sí, soy yo. Por desgracia, estoy hecho así, ¡el peligro me hace perder completamente la cabeza!

☆ ☆ ☆

Mercedes, que tiene novio desde hace algunas semanas, se

lamenta a su madre de que el novio, que es un buen muchacho, tiene el vicio de tener siempre la barba larga.

A lo que la madre le dice:

—¿Has intentado llegar puntual a las citas?

Uno entra en un bar y le dice al camarero:

—¡Un whisky antes de la batalla!

—¿Qué batalla?

—La que se va establecer entre usted y yo cuando llegue la hora de pagar, ¡porque no llevo ni un duro!

El juez le dice al acusado:

—Dígame, ¿cómo es que disparó cuatro tiros de pistola a su mujer?

—Porque después del cuarto tiro, la pistola quedó trabada.

Uno está llorando desconsoladamente en un bar, delante de un vaso de whisky. Su mujer le da un disgusto detrás de otro... Y un amigo fiel lo consuela:

—Piensa en el bien que involuntariamente tú has hecho al género humano. Si tú no te hubieras casado con ella, ella hubiera hecho infelices a otros hombres.

Un hijo le pregunta a su padre:

—Papá, ¿por qué los cirujanos cuando operan llevan todos la máscara?

—Porque si la operación va mal pueden conservar el anonimato.

En la sala de espera de un médico, hay un cartel que dice: «Se ruega no llevarse las revistas. La enfermera les contará cómo acaba la historia».

Un médico, después de haber examinado cuidadosamente al paciente, adquiere una actitud dudosa y le dice:

—No logro diagnosticar con certeza su enfermedad, creo que tiene que ver con el alcohol.

—Comprendo, doctor, entonces ya volveré cuando se le haya pasado la resaca.

Un médico le comenta a otro:

—Hoy ha venido a verme un paciente que cree que se ha tragado un teléfono.

—¿Y tú le has hecho superar este complejo?

—No, no, lo haré mañana.

—¿Y por qué mañana?

—Porque hoy estaba esperando una llamada importante.

Un paciente se dirige a su médico y le dice:

—Después de haberme hecho visitar por usted hace algunas semanas, me dirigí, para estar más seguro, a otro médico, el cual me ha dicho que su diagnóstico es equivocado.

—¿De verdad? Lo veremos en la autopsia.

Un médico le pregunta a un paciente:

—¿Cómo se encuentra?

—No lo entiendo, doctor. ¡Estoy fuerte como un león, como igual que un lobo, tengo el estómago de un buey y, luego, por la noche tengo una fiebre de caballo!

—Comprendo, entonces, será necesario consultar con un veterinario.

Un loco entra en el estudio de un psiquiatra y empieza a meterse tabaco en la oreja.

—Se ve que, por desgracia, usted necesita mi ayuda —exclama el psiquiatra.

—Desde luego, ¿tiene por casualidad una cerilla?

—Doctor debe hacerme un favor...

—Diga, diga...

—Debería cambiarme la medicina que me prescribió ayer.

—¿Por qué, no es eficaz?

—Esto no lo sé, sólo sé que tiene un pésimo sabor... Deja la boca muy pastosa.

—¿Pero, cómo se llama esta medicina?

—No lo recuerdo, sólo sé que en la caja está escrita la palabra «supositorios».

Un señor entra en una farmacia y le dice al farmacéutico:

—¿Me da un buen remedio para la gripe?

—Tengo uno muy eficaz, el remedio del doctor Krok.

—No, ese no. Quisiera otro. El doctor Krok soy yo.

☆ ☆ ☆

Un paciente le pregunta a su médico:

—Entonces, ¿me aconseja usted esta medicina para dormir?

—Sí, señor, es muy eficaz. Piense que a los clientes que la compran se les regala un despertador.

☆ ☆ ☆

Un amigo se encuentra a otro en plena calle, y asombrado le pregunta:

—¿Cómo es que vas con una cama a cuestas?

—Orden del médico.

—¿Quieres decir que el médico te ha ordenado que te pasees con una cama sobre los hombros?

—Sí, me ha recomendado que no abandone la cama hasta la próxima semana.

El psiquiatra al paciente:

—Usted sufre de manía persecutoria.

A lo que el paciente le responde:

—¡No es verdad! ¡Lo que pasa es que usted no me puede ver!

Un médico cura a un paciente por autosugestión:

—Diga tres veces: «estoy curado» y se curará usted.

El enfermo obedece y se cura.

—Me debe dos mil pesetas —añade el médico.

—Entonces, diga tres veces: «Ya me han pagado».

Un paciente le dice a su médico:

—Doctor, estoy en un estado de agitación notable, y todas las noches sueño que soy una oveja que come toda la hierba que tiene a su alrededor.

—No se preocupe, no es nada grave.

—Esto lo dice usted, doctor. Piense que cada noche me como un trozo de colchón.

Entre un doctor y un abogado:

—Venga, admítalo, abogado, sus clientes no son precisamente unos ángeles.

—Es verdad —añade el abogado—, sin embargo, sus clientes tienen la posibilidad de serlo en cualquier momento.

☆ ☆ ☆

Durante una fiesta entre jóvenes, una muchacha le dice a otra, indicándole a una tercera que se encuentra rodeada de admiradores:

—Aquella de allí, ¡tiene una cabeza de gallina!

—Por eso está rodeada de gallos.

☆ ☆ ☆

Dos enamorados se encuentran sentados en un banco de un parque a la luz de la luna. De repente él le pregunta a ella con ternura:

—¿Qué harías, querida, si yo tuviera que morir?

—Lloraría, cariño. Sabes perfectamente que yo lloro por nada.

☆ ☆ ☆

Una mujer le pregunta a su marido:

—¿Hay algo que te dé la idea de la eternidad?

—Sí, las horas que paso contigo.

☆ ☆ ☆

Una amiga le pregunta a otra:

—¿Por qué se dice siempre la «viuda tal o cual» y no se dice nunca el «viudo tal o cual».

—Porque las mujeres hacen saber en seguida que están de nuevo libres. Sin embargo, los hombres, después de una primera experiencia, ya tienen bastante.

☆ ☆ ☆

Dos amigas hablan del eterno problema: amor y matrimonio. Y una le pregunta a la otra:

—¿Pero Rafael no te gustaba?

—Bastante.

—Entonces, ¿por qué no te casaste?

—Hay un problema que no tiene solución. Yo no lo puedo aguantar cuando se emborracha, y él sólo me pide que me case con él cuando está borracho.

Uno entra en una farmacia y le pregunta al farmacéutico:

—Quisiera arsénico.

—¿Tiene usted receta médica?

—No, ¡pero tengo la fotografía de mi mujer!

El padre le dice a su hija:

—¡No te da vergüenza, tú madre jamás se vistió así para seducir a su marido!

—Desde luego, sólo hay que ver con quien se ha casado.

Una amiga le dice a otra:

—¿Te casas con aquel viejo? ¿Es que quieres pasar toda la vida con él?

—Toda la mía, no. Toda la suya.

Durante el banquete de boda, el novio sorprende a la novia detrás de una cortina, abrazada a un invitado.

—¡Qué te has creído! ¡Desgraciada! ¿No te da vergüenza?

—Está bien, está bien —le interrumpe la mujer—, ¡pues sí

que empezamos bien, si el primer día de matrimonio tienes que hacerme una escena de este tipo!

—Felicidad, Felicidad —murmura en sueños el marido. La mujer, que se llama Antonia lo escucha, y al día siguiente le pide explicaciones de quién es esa Felicidad.

—Es un caballo, querida —la tranquiliza el marido—. Un caballo que corre en la tercera carrera, en la que he decidido apostar.

Al día siguiente, a la hora de comer, suena el teléfono y la esposa toma el auricular, escucha y luego se lo pasa a su marido, diciéndole suavemente:

—¡Es para ti, querido, tu caballo!

Entre dos amigos:

—Como cantante es muy adecuado para cantar en los conciertos de beneficencia.

—¿Por qué?

—Porque inspira compasión.

Un amigo le dice a otro:

—¿Crees en los fantasmas?

—Yo no.

—Pues yo sí.

Y desaparece en la nada.

¿Cuál es el colmo de un equilibrista?

Que se le rompa la cuerda durante su número.

Una mujer rica le reprocha a su marido:
—Al fin y al cabo, ¿quién eras antes de casarte?
—Un hombre feliz, querida mía.

Un pachá convoca a sus trescientas mujeres y después de haberse aclarado la garganta, anuncia:
—Queridas mías, debo daros una mala noticia. Os abandono porque me he enamorado de otro harén.

Una secretaria le dice a su jefe:
—Perdóneme señor director, si realmente no me puede aumentar el sueldo, al menos démelo más a menudo.

En la clínica, un médico le dice a su paciente:
—Esté tranquilo, la fiebre no me preocupa.
Y el paciente añade:
—No me preocuparía tampoco a mí, si la padeciese usted.

Un médico, tras haber intentado todo tipo de curas y tratamientos para mejorar estéticamente a una mujer fea y poco agraciada, la lleva una noche a un cabaret. De repente, mirándola sorprendido, exclama:
—¡Es increíble! Lo he probado todo, pero sólo el champagne consigue hacerte hermosa.
—Querido, pero si no he bebido ni una copa...
—Tú no, ¡pero yo ya voy por la tercera!

☆ ☆ ☆

Un paciente le pregunta a la enfermera en la consulta de un oculista:

—¿El doctor está visible hoy?

—Sí —responde la enfermera—, pero solamente para los ciegos.

Un doctor le dice a un paciente:

—No se preocupe por el dolor en la pierna, es la edad.

—¡Oh, doctor, no puede ser! La otra pierna tiene la misma edad y no me duele.

Un paciente le dice a su médico:

—Hace dos noches que no logro dormir, doctor. Necesito cincuenta mil pesetas, ¡y no sé de donde sacarlas!

—¿Por qué no se ha dirigido a mí?

—¿Podría prestarme esta cantidad?

—No, ¡pero le hubiera podido dar pastillas para dormir!

Un cliente le dice a un camarero en un restaurante:

—¡Camarero, no puedo comer este arroz!

—¡Se lo cambio en seguida, señor!

Al cabo de un rato:

—¡Camarero, no puedo comer este arroz!

El camarero, acude en seguida y le cambia el plato por tercera vez.

Al final el cliente enfadado:

—Camarero, es inútil que me vaya cambiando el plato de arroz. No me lo podré comer hasta que se decida a traerme un tenedor.

Un amigo le pregunta a otro:

—¿Cómo lo has hecho para conseguir ser el director del manicomio?
—Era el loco más antiguo.

Una señora le dice a un conocido:
—¡Debería darle vergüenza! ¡Ayer se hacía pasar por ciego, y hoy pretende hacer creer que es usted mudo!
—También usted, señora, hubiera perdido la palabra si hubiese recuperado inesperadamente la vista como me ha pasado a mí.

Un niño de diez años va a visitar a su anciana tía.
—Tía Claudia, me gustaría que intentaras cerrar los ojos.
—Y ¿por qué tengo que hacerlo?
—Porque papá dice siempre que cuando cierres los ojos, ¡nosotros seremos ricos!

☆ ☆ ☆

Un jefe de oficina entra en un despacho y mira a su alrededor, dirigiéndose a uno de sus empleados:
—¡Cuántas veces le he dicho que no quiero oír silbar durante el trabajo!
—Pero, señor, si yo no trabajo, ¡solamente silbo!

☆ ☆ ☆

Un barco está a punto de naufragar. El capitán reúne a todos los pasajeros y pregunta:
—¿Hay alguno de ustedes que crea firmemente en el poder de la oración?
—¡Yo, capitán! —responde un pasajero, dando un paso hacia delante.

—¡Menos mal! —exclama el capitán con alivio—, ¡nos faltaba sólo un salvavidas!

Jaimito no ha ido al colegio porque su madre ha dado a luz dos gemelos. El padre le dice:
—Mañana cuando vayas al colegio, como justificación por la ausencia de hoy, di a tu profesora que has tenido dos hermanitos.
—No me convence.
—¿Cómo que no te convence?
—Es mejor que diga que ha nacido sólo un hermanito, el otro lo podemos tener la próxima semana.

Un señor que viaja en el metro se da cuenta de que un muchachito que está sentado delante suyo, no le quita los ojos de encima, y el señor llega a un punto que le pregunta:
—¿Pero se puede saber por qué me miras de este modo?
—Mire, aparte de los bigotes, ¡es que usted se parece mucho a mi tía!
—Pero yo no llevo bigotes.
—Pero mi tía sí.

Un niño muy despierto, regresa del colegio con la cara radiante y le dice a su madre:
—He encontrado en el suelo un billete de mil pesetas.
La madre sorprendida lo mira y le dice:
—¿Pero realmente te los has encontrado?
—¡Claro que sí, he visto con mis propios ojos que había un señor por allí cerca que lo buscaba!

En un parque un niño mira sorprendido a una señora que está

encinta, en el séptimo u octavo mes de embarazo, y le pregunta:

—¿Tiene usted una pelota en la barriga?

—No, es mi niño, al cual yo quiero mucho.

—Si lo quiere mucho —dice el niño poco convencido—, ¿por qué entonces se lo ha comido?

El señor Dupont convoca a su hijo en su despacho para darle un discurso:

—Mamá me ha dicho que tienes la idea de irte de casa. ¿Es verdad esto?

—Sí —admite el muchacho.

—Entonces —dice gravemente el padre—, cuando te decidas dímelo, pues a mí me gustaría irme contigo.

Un profesor dice a sus alumnos que desarrollen el siguiente tema: «¿Quién no ha pensado en hacer feliz a los demás». Luisito, de ocho años de edad, le entrega la siguiente redacción: «Este verano, he estado una semana en el campo, en casa de mis tíos. Cuando me fui noté que ellos estaban muy felices».

☆ ☆ ☆

Un señor entra en un banco y le pregunta al cajero:

—¿Me hace un favor? ¿Me cambia mil pesetas por once billetes de cien?

—¡Querrá decir por diez billetes de cien!

—¡Qué! ¿Entonces dónde está el favor?

☆ ☆ ☆

En el colegio, la maestra llama a un alumno de los más indisciplinados de la clase y le dice:

—No has hecho más que hablar durante toda la hora de clase. Mañana que tu madre te acompañe al colegio.

—¡Pero, señorita, tenga en cuenta que mi madre habla mucho más que yo!

☆ ☆ ☆

Una niña de diez años observa a su madre que, sentada delante del espejo se está «pintando la cara». Entonces la niña le pregunta:
—Mamá, ¿a qué edad podré empezar a ensuciarme también yo la cara en lugar de lavármela?

☆ ☆ ☆

Toda la familia de un importante industrial está sentada en la mesa. Se habla de acontecimientos económicos de la empresa, y el más pequeño de los hijos, de seis años, le pregunta a su padre:
—¿Qué debo hacer, papá, para llegar a ser un gran industrial como tú?
Y el padre le responde:
—Tú come y no pienses en otra cosa.
—¡Ah, ya entiendo! tengo que hacer lo que has hecho siempre tú.

☆ ☆ ☆

Una niña llama a la puerta del despacho del director del colegio. Ha sido expulsada del aula por indisciplinada. El director le pregunta:
—¿Qué haces aquí? ¿Qué ha pasado?
La niña no sabe cómo explicarse y temerosa logra decir:
—La profesora me ha mandado al diablo y he venido hasta aquí.

☆ ☆ ☆

Un grupo de niños se ha reunido para jugar. Uno de ellos está muy callado.
—¿Qué te pasa, Pedro? —le pregunta un amigo.

—Que mi madre me hace perder la paciencia. Todas las noches la misma historia. En un momento dado se pone a gritar: «Estoy harta de ti, estoy cansada, vete a la cama», y yo me pregunto, ¡si es posible que cuando ella está cansada, yo me tenga que ir a la cama!

En el colegio, el profesor está dando una clase de botánica. Está hablando de los sauces llorones y, como de costumbre, Jaimito está distraído. De pronto, el maestro le pregunta:
—¿Cómo se obtiene un sauce llorón?
Y el niño dice:
—Primero se planta un sauce normal y luego se plantan las cebollas.

Jaimito le pregunta a su padre:
—Oye, papá, ¿tú darías una bofetada a un niño que no ha hecho nada?
—No —responde el padre.
—¡Ah! ¡Qué alivio! ¡Así puedo decirte tranquilamente que no he hecho los deberes!

En una de las zapaterías más elegantes de Londres, en Oxford Street, llaman por teléfono:
—Aquí zapatería Manson —responde el dependiente.
—¡Perdón —se oye al otro lado de la línea—, me he equivocado de número!
—No se preocupe usted, señor, si pasa por la zapatería se lo cambiaremos.

En un pueblecito un médico pasea con un amigo que viene de

la gran ciudad y ha ido a verle. De repente, pasa un perro que le dice al doctor:

—¡Buenos días, doctor!

—¡Pero es sorprendente! —dice el amigo.

—Pues, no es tan extraordinario —responde el médico—, en un pequeño pueblo como éste, se conoce todo el mundo.

En una exposición, el pintor ve delante de un cuadro a un muchacho que lo observa todo con atención e interés. El autor va a su encuentro y se presenta:

—Soy el pintor de estas telas. Oye, pequeño, ¿te gustaría pintar?

—A mí sí, ¿y a usted?

El pequeño Hans está haciendo los deberes de matemáticas, pero tiene problemas. Se dirige, entonces, hacia la cocina, donde se encuentra su madre, una mujer robusta y fuerte, de aire enérgico, y atareada haciendo la cena, por lo que el niño cree que no resulta oportuno molestarla. Entonces, se dirige hacia el salón, donde está su padre, un hombrecito pequeño y tímido leyendo el periódico. El niño le pregunta:

—Papá, perdóname si te molesto: ¿Cuánto hace doscientos menos ciento veinte?

El padre responde:

—¡Ochenta!

Luego mirando tímidamente hacia la cocina, añade:

—¡Siempre que tu madre esté de acuerdo, claro!

Un hombrecito se dirige a su amigo y le dice:

—No sabes hasta qué punto soy desgraciado, estoy de deudas hasta el cuello.

—¡Menos mal —dice el amigo— que eres pequeño de estatura!

Jaimito le pregunta a su madre:
—¡Mamá!, ¿cómo es que papá es calvo?
—Porque es un gran pensador —responde la madre para contestarle de una forma elegante.
—¡Ahora todo se explica! Entonces, ya sé por qué tú tienes el pelo largo.

El médico le dice a un paciente por teléfono:
—No, no, yo no hago visitas a domicilio, por lo tanto, tome dos aspirinas y me manda mil pesetas.

Una vaca queriendo ridiculizar a un pequeño gatito, le dice:
—¡Oh, qué bigotes! ¡Con lo pequeño que eres y ya tienes bigotes!
—¿Qué hay de extraño en mis bigotes? Eres mucho más ridícula tú, ¡tan gruesa y sin sostenes!

☆ ☆ ☆

El dueño de un colmado se ha dado cuenta de que el dependiente que tiene le roba, pues han desaparecido demasiadas cosas durante los últimos días. Un día, el dueño se decide a despedir al dependiente:
—He descubierto que robas, por lo tanto, ¡toma la puerta y vete inmediatamente!
—Si es cuestión de irme, ya me voy, pero, ¿por qué debo tomar la puerta?, ¿qué hayo yo con una puerta?

☆ ☆ ☆

Un profesor está explicando el catecismo y Jaimito, el más indisciplinado de la clase, está distraído pensando en sus cosas. El profesor se da cuenta y le pregunta:

—Jaimito, ¿sabrías decirme por qué Jesús una vez resucitado se mostró primero a las mujeres que a los hombres?

—¡Muy fácil, para que la noticia se difundiera en seguida!

Un niño se ha comido el pastel que su madre había preparado para el día siguiente:

—¿Se puede saber por qué lo has hecho? —le pregunta la madre con tono severo.

—Porque tú siempre me repites, mamá, que no se debe dejar para mañana lo que se puede hacer hoy.

Un día el profesor de geografía le pregunta a Jaimito:

—¿Qué forma tiene Italia?

Jaimito reflexiona, y luego responde triunfante:

—¡De una bota de goma!

—¿Y por qué de goma?

—¡Porque está siempre en el agua!

El señor Pérez, que desde que se ha enriquecido lee más periódicos que antes y sabe que en los países del norte de Europa los hijos son educados de un modo más independiente, se decide a hacerle un discurso a su hijo:

—Mira, Gustavo, tú tienes una manía que tienes que superar, que es la de ir a la cama siempre con tu abuela, con la excusa de que tienes miedo de dormir solo.

—¡Mira quien habla, tú que vas a la cama todas las noches con mamá!

Jaimito regresa de la escuela con alegría y entusiasmo.

—¡Menos mal —comenta la madre— que estás alegre! Por lo tanto, ¿ir a la escuela te gusta?

—¡Por favor, mamá, no digas estupideces!, ¡no hay que confundir la ida con la vuelta!

Un niño de siete años es muy infeliz porque sus padres no le hacen caso. Por la noche, cuando ha terminado sus oraciones, añade:

—¡Señor, haz que yo me convierta en televisor, así mis padres me mirarán más!

Una amiga le dice a otra:

—Debes dejar de fumar.

—¿Por qué, crees que me hace daño?

—No, es que cada vez que vienes a mi casa me quemas el mantel.

En un hermoso prado, una vaca en lugar de pastar como todas las demás, está leyendo el periódico.

—¿Qué dice de interesante el periódico? —le pregunta una compañera suya.

—Malas noticias. Escucha: «El precio de la leche ha disminuido». ¡Si esto continúa así, yo dejo de hacer leche y me dedico a poner huevos!

Un niño de seis años entra en un bar y dice:

—¡Un whisky doble!

Impresionado el camarero la pregunta:

—¿Bromeas?, ¿no será para ti?

Y el niño añade:

—No, es para mi hermanito de diez meses que está fuera en el coche. ¡Yo no bebo nunca porque debo conducir!

Dos niños, compañeros de escuela, se encuentran en un parque.

—Tu padre debe ser muy tacaño —dice el primero—, me han dicho que es zapatero y ¡tú siempre llevas los zapatos agujereados!

—¡Pues mira que el tuyo! ¡Me han dicho que es dentista y tu hermanito tiene un solo diente!

En un bar, una señora bebe una taza de café y luego busca en su monedero y, no encontrando monedas, toma un sello y se lo da al camarero. Éste la mira y exclama:

—¿Un sello de propina? ¡La señora quizá desea que yo le escriba para agradecérselo!

Entre dos amigos:

—Perdona, Luis, pero debes liquidarme aquella deuda...

—Te perdono, Emilio, ¡pero no hagas un problema!

☆ ☆ ☆

Un joven se presenta en casa de su novia para pedirle la mano. La madre, más rica que inteligente, cuando se da cuenta de que el pretendiente ha venido andando, le pregunta:

—¿Pero usted sabe que el esposo de mi hija debe ir siempre en coche?

—¿De verdad? —responde el joven con calma—, entonces su hija no es para mí, ¡es mejor que se case con un taxista!

☆ ☆ ☆

Un policía sorprende a un mendigo, que está tocando el acordeón, en la esquina de una calle. Se acerca a él y le dice:

—¡Venga, rápido, acompáñeme!

—Muy bien, agente, ¿qué quiere cantar?

Un abogado manda por quinta vez la factura de sus honorarios a su cliente, diciéndole: «Hoy hace un año exacto que le mandé la cuenta».

Después de algunos días, el abogado recibe una tarjeta del cliente con estas palabras: «¡Mis mejores felicitaciones de cumpleaños!»

Un nuevo rico ha decidido hacer una donación a un instituto de beneficencia. Consulta con un amigo y le dice:

—He decidido regalar este cuadro al instituto de beneficencia. Tú, ¿qué instituto me aconsejas?

—¡Quizás el más adecuado para esta donación sea el instituto de ciegos!

Un empleado finalmente encuentra en la portería al director general de la empresa donde trabaja:

—¡Qué suerte! ¡Hace dos meses que quiero hablar con usted!

—Concierte una cita con mi secretaria —responde el director con frialdad.

—Lo he hecho ya, señor director, y he pasado magníficos fines de semana con ella, ¡pero ahora debo hablar, realmente, con usted!

Entre amigos:

—Parece que los matrimonios de éxito son aquellos en los que ambos cónyuges son de caracteres y cualidades opuestas.

—¿Por qué lo dices?
—¡Porque por ello voy en busca de una chica muy rica!

Dos amigos están hablando:
—¿Sabes cuál es la cosa más veloz del mundo?
—¿Un Ferrari?
—No.
—¿El rayo?
—No.
—¿La luz?
—Tampoco.
—¿Qué es entonces?
—¡Un billete de mil pesetas una vez se ha cambiado!

En una feria de un pueblecito, hay un cartel que dice: «Píldoras de la felicidad. Mil pesetas».
Un transeúnte al leerlo se detiene, examina la caja y luego escandalizado, exclama:
—¡Pero si es una caja de aspirinas!
—¡Sí —responde el vendedor—, pero si usted me compra una caja yo soy feliz!

En una fiesta, el odioso caballero López declara a sus amigos por décima vez:
—¡Todo lo que he hecho sólo lo debo a mí mismo!
—¡Me parece estupendo! —declara uno de los invitados.
—¿Y por qué?
—¡Porque esto quita al buen Dios toda responsabilidad!

Dos amigos que hace tiempo que no se ven, se encuentran, de pronto, por la calle.

—¿Cómo va la vida? —le pregunta uno al otro.

—Así, así...

—¿Qué haces?

—Escribo en el periódico.

—¿De verdad? Me alegro. ¿En qué sección?

—Demandas de empleo.

Entre dos mendigos:

—¿Tú crees en el carácter hereditario de las enfermedades?

—¡Qué va! ¡Piensa que mi abuelo murió de indigestión y yo estoy medio muerto de hambre!

Una adivina, se dirije a un muchacho sin dinero y le predice:

—Tú sufrirás la miseria hasta los treinta años.

—¿Y luego? —pregunta el chico.

—Luego te acostumbrarás a ella.

Dos amigos en un bar:

—Pero, ¿cómo?, ¿ya no estás en aquella pensión que te recomendé?

—Sabes, apenas llegué, la dueña me dijo que me encontraría como en mi casa, ¡y salí corriendo!

Un transeúnte ve a un mendigo en la calle y le da cien pesetas:

—Tenga, sé que ser cojo es una desgracia, pero piense que sería mucho peor si fuese ciego.

—Tiene usted razón —responde el mendigo—, ¡cuando era ciego me daban siempre dinero falso!

Un pintor desafortunado y que pasa hambre, se lamenta con un colega de un crítico, que en el último artículo le dedica dos líneas dejándolo por los suelos. Y el amigo le dice:

—No le des importancia, ¡es uno de esos que no hace más que repetir como un papagayo lo que oye!

☆ ☆ ☆

Un sobrino que espera heredar una gran fortuna de su tío, va a informarse de las graves condiciones de salud que éste padece. El médico le dice al respecto:

—Debe saber que su tío está muy enfermo del corazón, y que cualquier mínima emoción podría resultar fatal.

El joven se dirige entonces a la habitación del enfermo y llama a la puerta.

—¿Quién es? —pregunta el anciano.

—El sepulturero —responde el joven detrás de la puerta.

☆ ☆ ☆

En una familia de gente modesta, el padre hace grandes esfuerzos para que el hijo pueda estudiar.

—¡No me hubiera podido imaginar jamás que tus estudios costaran tanto! —dice éste deprimido.

—Y piensa, papá —exclama el joven—, ¡que siempre he intentado estudiar lo menos posible!

☆ ☆ ☆

Un muchacho le dice a un transeúnte que pasa por la calle:

—Dígame, señor, ¿por casualidad ha perdido usted una cartera?

—Ahora que me lo dices, me doy cuenta de que no llevo la cartera —responde éste, fingiendo buscarla en los bolsillos—, ¿la has encontrado tú?

—No —dice el muchacho—, sólo quería saber cuántas personas la han perdido, ¡usted ya es la número cuarenta de esta tarde!

En la zapatería:

—Quisiera un par de zapatos, pero dígame primero cuánto cuestan.

—Depende —exclama el dependiente—, los de hombre sobre las cinco mil pesetas, los de joven sobre las tres mil pesetas y los de niño sobre las dos mil pesetas.

Después de haber reflexionado un poco, el cliente se decide:

—¡Mire, entonces, si tiene un par de zapatos de niño que tenga mi número!

☆ ☆ ☆

Pepe es descargador de muelles, pero un día quiere concederse una comida en un lujoso restaurante de la ciudad.

Después de cuatro platos le dice al camarero:

—¡Camarero, tengo todavía hambre! ¿Qué me aconseja?

—¡Pida la cuenta y estoy seguro de que se le pasará el apetito!

☆ ☆ ☆

Una amiga le dice a otra:

—Tal vez sean verdaderas las perlas que me ha regalado Roberto.

—Si quieres saberlo —replica la otra—, puedes hacer una prueba que siempre da buen resultado: rompe el hilo y deja caer las perlas al suelo, si él se precipita en seguida para recuperarlas, ¡es que son verdaderas!

☆ ☆ ☆

Una señora le dice a una amiga suya que siempre está informada de todo:

—¿Sabes qué ha respondido mi marido cuando le dije si me regalaba un abrigo de pieles?

—¡Qué no!

—Pero, ¿cómo lo sabes?

Dos modestos empleados hablan de sus respectivas mujeres.

—Sabes, mi mujer quiere que le regale un abrigo de pieles y ¡a mí me entra frío sólo de pensarlo!

—Pues mi mujer quiere que le regale una nevera. ¡Imagínate, entonces, que debería decirte yo!

Adolfo se ha construido al fin la casa, tras treinta años de ahorro y esfuerzos. Un amigo va a buscarlo y se lo encuentra en el jardín, estirado en una hamaca, bajo una lluvia torrencial:

—¿Pero qué haces? —le dice sorprendido—, ¡te pondrás enfermo!

—¡No seas tonto! ¡Si supieras el placer que da reposar bajo la propia lluvia!

Dos ricos van a visitar un apartamento. Cuando lo ven, uno exclama:

—No, no hace para nosotros, es demasiado pequeño —dice el joven.

—Es extraño —dice el agente inmobiliario—, ha sido creado precisamente para gente joven.

—Puede ser, pero nosotros somos tres, tenemos un canario.

En una frutería:

—Mire qué hermoso color rojo tienen estas cerezas, señora —dice el frutero.

Sin embargo, la clienta ve un cartelito con el precio de doscientas pesetas el kilo y exclama:

—¡Es verdad —dice la señora—, parece que sólo ellas se avergüencen de un precio tan alto!

Un hombre sin escrúpulos se encuentra con un antiguo compañero de colegio y éste último le pregunta:

—Mario, ¿es verdad que cuando comenzaste en los negocios, lo hiciste con un capital de sólo mil pesetas?

—¡Es cierto, y además eran falsas!

Un hombre sin escrúpulos ha logrado casarse con la anciana marquesa Constancia y, naturalmente, rodeado de lujo, no le falta nada. Moraleja: «Con la Constancia se obtiene todo».

Un amigo se decide finalmente a pagarle una deuda a otro:

—Toma, las mil pesetas que te debía del mes pasado.

—¡Caramba! debo decirte que me había olvidado por completo.

—Oye, ¡me lo podías haber dicho antes!

Un amigo le dice a otro:

—¿Qué has hecho este verano, Juan?

—Nada.

—¿No fuiste a la montaña?

—No. Los precios eran muy altos.

—¿Y al mar?

—¡Imagínate, allí eran realmente salados!

Un importante industrial americano recibe a un cliente y le muestra su colección de cuadros.

—Éste —dice el cliente, señalando un cuadro—, es un espléndido Renoir.

—No sé, Renoir o Rolls-Royce, no sabría decirle. Lo compré

ayer en una subasta junto con un coche, pero todavía no he podido mirar las referencias.

Un día el padre le dice a su hijo:

—Hijo mío, ha llegado el momento de que te comportes como un hombre. Sigue mi consejo y aprieta la mano como un puño, ¡bien fuerte!

—¡Pero, querido! —le interrumpe la mujer—, ¿no enseñarás al muchacho a pegarse?

—Nada de eso, sólo le explico a mi hijo cómo debe tenerse el dinero.

Dos hombres en un bar hablan de los hijos:

—Mi hijo tiene sólo cinco años, pero ya sabe leer y sumar.

—El mío, sin embargo, tiene tres meses y ya comprende que los negocios no marchan y que cada día pierdo dinero.

—Pero, ¿cómo sabes que lo comprende?

—Es muy simple. ¡Cada vez que entro en casa se pone a llorar!

Una señora le cuenta a su rico marido su última sesión de psicoanálisis.

—Sabes, tesoro, el doctor me ha dicho que en mí hay dos mujeres. ¿Te sentirás, realmente, afortunado?

Y el marido responde irónicamente:

—Entonces, ¡es por eso que tienes necesidad de dos coches, de dos abrigos de pieles y de dos camareras!

Un industrial americano invita a un amigo suyo a dar una vuelta en su nuevo coche. Al cabo de un rato, el amigo le pregunta sorprendido:

—¿Desde cuándo no usas las gafas, tú que eres miope?
—Ya no las necesito —responde el americano con aire auto-
suficiente—. Ahora utilizo el parabrisas que me ha hecho el oculista.

Un amigo le dice a otro:
—Sabes, Juan, estoy escribiendo mis memorias.
—Me parece estupendo, ¿en qué momento estás? ¿Has llega-
do ya al día, hace diez años, en que te presté mil pesetas?

Un mendigo le pide a un transeúnte:
—¿Me puede dar doscientas mil pesetas para tomar un café?
Y el transeúnte escandalizado:
—¡Doscientas mil pesetas para tomar café! ¿Pero está loco?
—Quizá tenga razón —admite el mendigo—, ¡pero es que
hace tantos años que sueño con ir a Brasil a tomar un café!

Un guardia detiene a un mendigo que molesta a la gente y lo
lleva a la comisaría. El mendigo, triste, se lamenta y le dice al
guardia:
—No piense usted que he caído tan bajo. ¡Si viviese mi pobre Luisa no tendría que pedir caridad!
—¿Por qué? ¿Era rica? —pregunta curioso el guardia.
—¡No, pero ella era la que iba a pedir caridad!

Dos mendigos compran un décimo de lotería para los dos, después, uno le pregunta al otro:
—Si ganamos, ¿qué harás con tu parte?
—¡Locuras! —responde el otro—, ¡me cambiaré de camisa, al
menos, tres veces al año!

En el colegio, la maestra pregunta a Jaimito:

—Si en el bolsillo derecho de tus pantalones encuentras cien pesetas y en el bolsillo izquierdo encuentras cincuenta, ¿qué tienes?

—¡Un par de pantalones que no son los míos!

Un amigo le dice a otro:

—¡Estoy muy preocupado!, he perdido la cartera, aunque dentro sólo habían doscientas pesetas.

—¿De qué te quejas? Eres afortunado por haber perdido tan poco.

—Sí, ¡pero piensa cómo quedo de mal ante aquél que la encuentre!

Uno le pregunta un día a un amigo suyo médico:

—¿Por qué a cada cliente que visitas le preguntas qué come? ¿Es realmente tan importante saberlo?

—Claro que sí, pues así sé cómo debo establecer los honorarios.

Dos escoceses:

—Tim, ¿qué piensas de los chistes acerca de nosotros, los escoceses?

—Que podrían *ahorrárselos*.

Una joven pareja se detiene delante de un lujosísimo restaurante. La mujer propone tímidamente entrar, a lo que el marido responde:

—¿Estás loca? ¿No ves que está escrito «on parle français»?

—¿Y....?

—¡Sabes perfectamente que yo no hablo francés!

En una oficina, el director se concede un momento de descanso con sus dependientes y cuenta un chiste estúpido. Naturalmente todos fingen reír, excepto un anciano empleado que no hace ni el esfuerzo.

—¿A usted, Pérez, este chiste no le hace reír? —le pregunta el director.

—No, nada —responde el otro con naturalidad—, yo el mes que viene me jubilo.

Un cliente le pide a su abogado la minuta:

—¿Cuánto le debo?

—Doscientas mil pesetas, pero sepa que este precio es porque conocí a su padre, pues mis honorarios son muy distintos.

Y el cliente le dice, entonces:

—¡Pues, por suerte que no conoció también a mi abuelo!

Un joven de aspecto modesto llega a casa de unos ricos terratenientes y después de haberse presentado, dice:

—He venido para la mano de su hija Mercedes.

—¡Mercedes, ven!, que es el manicuro.

Una mujer le dice a su marido:

—Estoy harta de estar siempre en casa. Tengo ganas de ir al cine.

—¡Pero si hace poco ya estuvimos!

—¡Sí, pero ahora está el sonoro!

Una pareja se detiene delante de una joyería, y ella le dice a él:

—Querido, ¡qué anillo más bonito!, ¿me lo compras?

—No, tesoro mío.

—¿Por qué?

—Porque no es digno de tu belleza, amor.

Dos amigos hablan de sus dos respectivas mujeres, y uno se lamenta:

—La mía está loca, ¡sólo hace que pedir dinero y pedir dinero!

Y el otro pregunta:

—¿Pero qué hace de todo ese dinero?

—¡Bah, yo que sé! ¡De todas formas no se lo doy nunca...!

Un mendigo, desesperado por las deudas que le oprimen, intenta suicidarse tirándose al río. Un transeúnte que lo ve, corre en su ayuda y lo salva.

—Ahora se dará cuenta de la locura que iba a hacer —le dice—, usted me debe la vida, ¿lo sabe?

—¡No hay nada que me salga bien, ahora ya tengo otro acreedor!

Una señora, preocupada por su marido, se dirige al psiquiatra:

—Doctor, ¿sabe que mi marido se cree un limón?

—¿Cómo?

—¡Sí, un limón exprimido!, se siente así cada vez que va a pagar los impuestos.

Al regreso de las vacaciones:

—¿Has estado, Luis, en aquel famoso hotel frente al mar?
—Sí, tres meses.
—¿Tanto tiempo? —pregunta el amigo sorprendido.
—Sí, quince días de vacaciones y después dos meses para pagar las deudas.

Un ladronzuelo le suplica a un famoso abogado:
—Le suplico abogado, ¡defiéndame!
—¿Pero tiene el dinero? —pregunta el abogado.
—No, pero tengo un coche nuevo.
—¿Y de qué se le acusa?
—De haberlo robado.

Dos mendigos intercambian opiniones:
—Es hermoso mostrarse amable con quien te echa una mano —dice uno.
Y el otro:
—¡Hasta un cierto punto! Piensa que un día hacía de sordomudo y una señora me dio cien pesetas, y entonces le dije: «Usted tiene un corazón de oro».
—¿Y entonces?
—Fue a llamar a la policía.

Un acreedor se lamenta ante un cliente insolvente que hace ya más de dos meses que no le paga, diciéndole:
—¡Un caballero debería tener palabra!
Y el cliente responde:
—De hecho, ¡la palabra es lo único que poseo!

Un mendigo llama a la puerta de una gran casa para intentar

que le den algo de comer. La señora de la casa le da un poco de pan y el mendigo protesta, diciendo:

—Señora, ¡el hombre no vive sólo de pan!

☆ · ☆ ☆

Dos amigos se encuentran después de mucho tiempo. Uno se ha hecho millonario y el otro no.

—Hola, Carlos, ¿cómo estás?, ¿podrías prestarme mil pesetas?

—Lo siento, estoy sin un céntimo.

—¿Y en casa?

—Todos bien, gracias, todos bien...

☆ ☆ ☆

Un cliente en el momento de pagar en un restaurante, dice que se ha dejado la cartera.

—No se preocupe —dice el dueño—, me pagará cuando pase por aquí. Déme sólo el nombre y quedará escrito en aquel tablón.

—Pero, perdone, no voy a dejar mi nombre expuesto en un lugar público.

—¡Oh, no lo verá nadie! ¡Es suficiente con que cuelgue delante su abrigo y ya lo retirará cuando venga a pagar!

☆ ☆ ☆

Un amigo le pregunta a otro:

—¡Eh, Juan! ¿Cómo acabó el proceso contra tu director, aquel del doberman que te mordió?

—¡Mal!, sabes, había un abogado que convenció al jurado que fui yo quien mordió al perro, impulsado por el hambre.

☆ ☆ ☆

Un mendigo se presenta ante la puerta de una elegante casa. La dueña de ésta va a buscar un traje de su marido y se lo da al mendigo:

—Sólo hay un agujero en la manga, pero es cuestión de dos minutos para remendarlo.

Y el hombre devolviendo el traje, añade:

—No se preocupe, no tengo prisa, lo pasaré a buscar dentro de cinco minutos.

Jaimito volviendo a casa:

—¡Papá, nuestros vecinos deben ser realmente pobres!

—¿Por qué?

—Primero los he visto desesperados: la madre se tiraba de los pelos y el padre tomaba a mi amigo y lo ponía boca abajo, y cuando le pregunté que había hecho, me dijeron: «Este desgraciado se ha tragado diez pesetas».

Un electricista cuando ha terminado su trabajo le dice a su cliente:

—Son cinco mil pesetas.

El cliente, sorprendido por esa cifra, le pregunta:

—Pero, ¿cómo es que es tan caro?, si ayer vino el médico y me costó sólo dos mil pesetas.

—No me extraña —responde el electricista—, es precisamente por esta razón que ya no ejerzo como médico.

En un parque público están pintando los bancos, cuando se acerca un mendigo y pregunta:

—¿A qué hora creen que estarán secos?

—Hacia las doce de la noche, ¿por qué?

—¡Lástima! Esta noche quería irme a la cama temprano.

¿Cuál es el colmo de un pobre?

Tener una rica imaginación.

Un náufrago en una isla desierta le dice a otro:
—Pero, querido, ¿no decías que siempre habías soñado acabar tus días en una isla desierta?
—¡Sí, querida, sólo que en el sueño acababa mis días con Sofía Loren!

En la estación:
—¡Bienvenida, querida!
—Juan, tu recibimiento es verdaderamente frío. ¡Mira qué distinto es aquel marido que está besando apasionadamente a su mujer!
—¡A la fuerza! Aquella mujer se va, no ha vuelto.

Un marido inglés:
—¡Querida Ana, te lo ruego, haz salir a tu amante de mi armario, tengo prisa y debo tomar mi chaqueta!

La gallina al gallo:
—¡Por favor, mañana no empieces a cantar como de costumbre, en Navidad yo también tengo el derecho de dormir un poco más!

Entre amigos:
—¡Sabes, a los Pérez les ha nacido un hijo con la nariz, la espalda y la cola de cocodrilo!
—Y ellos, ¿qué han hecho?

—Una bolsa de viaje.

Una amiga le dice a otra:
—¡Sabes, por la calle he visto a un hombre medio desnudo!
—¿Quieres decir que estaba sólo vestido a medias?
—¡No lo sé, el resto no lo he mirado!

Un hombre vuelve a su casa muy tarde, hacia las cuatro de la mañana. Puesto que no quiere despertar a su mujer, se desnuda en la cocina y en calzoncillos se introduce en la habitación, pero de pronto se encuentra en la puerta con otro hombre, que, también en calzoncillos, le dice:
—¡Cuidado, sé rápido, porque su marido volverá a casa de un momento a otro!

Era una actriz dramática tan decadente, tan decadente, tan decadente, que si resbalaba con una piel de plátano, no caía, decaía...

☆ ☆ ☆

La maestra le pregunta a Jaimito, después de las vacaciones:
—Hola, Jaimito, ¿dónde fuiste de vacaciones?
—A las Canarias.
—Y ¿te han gustado?
—Bueno, no demasiado, ¡no había ni un sólo canario!

☆ ☆ ☆

Bestias parlantes.
Una elefanta le dice apesadumbrada a su hijita:

—¡No te atormentes! ¡También Cleopatra tenía la nariz larga y mira el éxito que tuvo!

Una señora muy elegante y con un precioso abrigo de visón entra en una librería y le pide al dependiente:
—¿Tiene usted el cuarto volumen de «*¿Cómo hacer una gran fortuna en poco tiempo?*».

En la escuela.
Un niño le pregunta a otro:
—Oye, ¿desde cuándo aquel niño se come la «erre»?
—¡Desde siempre, se llama Mieda!

La mamá dálmata les dice a sus cachorrillos que se examinan con curiosidad las manchas en la piel:
—¡No, tontos, no se trata de la escarlatina!

Condenados a muerte:
—Bueno, Juan, antes de morir, ¿tienes un último deseo?
—¡Sí, quisiera fumar!
—¡Toma!
—No, no quiero un cigarrillo sin filtro, quiero uno con filtro porque hace menos daño.

Locos.
En un manicomio, un loco que se cree Napoleón pasea con la cabeza en alto de un lado para otro, cuando se encuentra, de pronto, con uno que le dice:

—¡Qué asco de vida la nuestra, encerrados aquí dentro en Santa Helena! ¿Verdad, emperador?

—¡Sí, ya tiene usted razón, es realmente para volverse loco!

Cosa de locos.

En un manicomio, un loco ha dibujado en el suelo un círculo y en medio del círculo un punto. Luego, entra dentro del círculo, se detiene en el punto durante unos momentos, y después sale de él. Esto lo realiza varias veces hasta que otro que lo está mirando con interés, le pregunta:

—¿Qué haces?

—Cuando estoy cansado de estar en casa, me voy al centro.

—¡Ah! —exclama el otro—, entonces, ¿me harías un favor? La próxima vez que vayas al centro, ¿me echas esta carta?

Una mujer le dice a su esposo:

—Oye, ¿por qué miras el televisor cuando está apagado?

—¡Porque así evito el tener que despertarme para apagarlo!

Un niño le pregunta a su madre:

—Mamá, ¿cuándo se dice que uno es un pícaro?

—Cuando ha encontrado un sistema fácil para vivir bien.

En un autobús:

—Joven, ¿por qué no se levanta para dejar sentar a la señora?

—¡No, es que yo ya soy así de estatura!

En un autobús:
—Joven, ¡mantenga las manos en su sitio!
—¡Pero, señora, yo soy mutilado de ambos brazos!
—¿Lo ve? ¡El Señor le ha castigado!

Entre amigos:
—Piensa que tendremos una televisión de iniciativa privada.
—¡Sí, pero privada de iniciativa!

—Ayer llegué a casa, abrí la puerta de la habitación y me
encontré a mi mujer con un amante.
—¿Y qué hiciste?
—¡Cerré de nuevo la puerta porque había corriente!

Un niño le pregunta a su padre:
—Papá, ¿cuál es la diferencia entre realidad e ilusión?
—Que la mamá es mi mujer, mientras que tú serías mi hijo.

Entre madres:
—¿Cuánto tiempo hace que anda su hijo?
—Hace ya más de dos meses.
—¡Pues ahora ya debe estar muy lejos!

¿Cuál es el colmo de la mujer de un domador de leones?
Ser fiera de su marido.

¿Cuál es el colmo de un astrónomo?
Darse un martillazo en el dedo y... ¡ver las estrellas en pleno día!

¿Cuál es el colmo de un astrónomo tímido?
Estar locamente enamorado de una estrella de cine y no tener el coraje suficiente para mirarla ni con un telescopio.

¿Cuál es el colmo de un barbero?
¡Perder el tren por los pelos!

¿Cuál es el colmo de un asno?
¡Llevar a alguien a caballo!

¿Cuál es el colmo de un abanico?
¡Darse aires!

¿Cuál es el colmo de un cocktail?
Sentirse agitado.

¿Cuál es el colmo de una galería de arte?
Tener cuentas que no cuadran y cuadros que no cuentan.

¿Cuál es el colmo de un santo?
Oírse decir: «¡mil gracias!».

Llamadas telefónicas

—Oiga, ¿está Pitágoras?
—No, se ha ido a estudiar el triángulo de las Bermudas.

—¿Podría hablar con Gracia?
—Quizá, ¡pero empiece por cambiar la voz!

—¿Está Sansón?
—No, se ha ido al peluquero para a ver si le da un reconsti-
tuyente.

—Oiga, ¿José?
—¡Ave María!

—Oiga, ¿me pasaría a su mujer?
—Encantado, ¿y las maletas dónde se las mando?

☆ ☆ ☆

—¡Oiga, oiga, no puedo hablar porque tengo problemas de
línea!
—Mi mujer también, ¡pero habla de todos modos!

☆ ☆ ☆

—Oiga, estoy buscando a su marido.
—¡Yo también desde hace doce años!

—Oiga, ¿es la casa Sip?
—Nop.

—¡Oiga, oiga, aquí habla el Instituto de sordomudos!
—¡Milagro!

—¡Oiga, oiga, tengo la línea sobrecargada!
—¡Intente suprimir los dulces!

—Oiga, ¿está Marat?
—No, después de lo que le ha pasado en el baño ha ido a ducharse.

—Oiga, ¿está Aníbal?
—No, ha ido al zoo a ver nuevas armas estratégicas.

—Oiga, ¿está Rómulo?
—No, después de que se quedó sin Remo, ha ido a comprarse un fueraborda.

☆ ☆ ☆

Un amigo le dice a otro:

—¿Sabes por qué el cielo a menudo se nubla?
—Porque se enfada porque todos queremos tocarlo con un dedo.

Un amigo le dice a otro que bebe mucho:
—Deja de beber, ¡hombre!, ¡que el alcohol mata lentamente!
—No me importa, tengo mucho tiempo.

En una casa de aparatos electrónicos.
—Perdone, ¿esta calculadora hace todas las operaciones?
—¡Claro que sí, señor!
—Perfecto, entonces, ¿cómo se hace para que me opere de apendicitis?

El director de un colegio le dice a una señora:
—Señora, mañana su hijo debe venir al colegio acompañado de su padre.
—Perdone, ¿no es suficiente con que venga mi marido?

Diplomacia:
—Dime, ¿cómo lo has hecho para comunicar a la viuda la muerte de su marido?
—Pues, muy simple, le he dicho: ¿qué diría usted, señora, de un hermoso vestido negro?

Entre amigos:
—He leído que un indio, perseguido por un tigre, se puso a dar vueltas alrededor de un árbol.

—¿Y cómo acabó?
—¡Que alcanzó al tigre y que éste se suicidó de vergüenza!

Uno va al psiquiatra y le pregunta:
—Perdone, doctor, ¿cómo lo ha hecho para darse cuenta de que yo soy un hombre perfectamente normal, sano de mente, y no un caballo de carreras?
—¡Muy simple, mirando debajo de la cola!

En el bar:
—¡Por favor, un Campari para la señora!
—¿Soda?
—¡No lo sé, la acabo de conocer!

Una de las numerosas estrellas del cine, es invitada a una importante cena en casa de un famoso productor, y ésta le dice:
—No creo ser muy exigente. Yo busco a un hombre simple, generoso y comprensivo, ¿usted piensa que esto es pedir mucho a un millonario?

Jaimito pasa, junto con su madre, por una tienda de coches de ocasión:
—Mamá, ¿para qué sirven los coches viejos y usados?
—Se los venden a tu padre, tesoro.

☆ ☆ ☆

Dos viejos amigos se reencuentran:
—¿En qué trabajas, Pedro?
—Trabajo para el gobierno.

—¿Y tú también?
—¡No, yo pago los impuestos!

Dos árabes están excavando en el Sahara. Después de dos horas, uno ya cansado le dice al otro:
—Estoy harto, siempre más petróleo, ¿es posible que no logremos encontrar esa maldita agua?

Dos amigos:
—Pedro, es increíble cómo crece la inflación. Ayer lancé una moneda de 5 pesetas al aire, ¡y me cayó una de 2!

☆ ☆ ☆

—¿Cómo van los negocios, Juan? —Le pregunta un comerciante a un colega que acaba de abrir una tienda de ropa.
—¡No me hables! Imagínate, el otro día vendí sólo una chaqueta, ayer absolutamente nada y hoy todavía peor que ayer...
—¡Imposible! ¿Cómo te puede haber ido peor que ayer? —pregunta el otro, sorprendido.
—Hoy ha venido el cliente del otro día a devolverme la chaqueta, ¡y he tenido que restituirle el dinero!

☆ ☆ ☆

Un rico industrial entra en una joyería y pide que le enseñen collares.
—¿Este que vale?
—Cien mil pesetas.
—¡No vale tanto!
—¡Cómo! ¿No pondrá en duda el valor del collar?
—¡No, me refiero a la chica a la que se lo debo regalar!

Luis se encuentra por la calle con su amigo Juan y queda sorprendido de la elegancia con que va vestido.

—¡Oh, sí! —le responde éste—. Ayer me compré este traje con lo que gané en las apuestas.

Y, luego, tristemente, añade:

—Claro que..., ¡con lo que perdí, hubiera podido comprarme un yate!

Un hombre sin dinero intenta vender su bicicleta para ganar un poco de dinero.

—Me interesa —dice un posible comprador—. Pero, ¿qué tal va en subida?

—¡Estupendamente, ha ido arriba y abajo del Monte de Piedad durante tres años!

Entre mendigos:

—Sabes, Antonio, creo que debo ir al oculista a que me examine la vista.

—¿Por qué? A mí me parece que ves bien.

—¡Bah! ¡Desde hace quince días que no veo una peseta!

En el primer aniversario de su boda, el señor Pérez entra en su casa y la encuentra en plena oscuridad, sólo en el salón hay dos velas que iluminan la mesa del comedor. Conmovido exclama:

—Querida, ¡cómo eres de romántica, acordarte de nuestra fiesta!

—¡Pero qué dices de romántica!, hoy han venido a cortarnos la luz, porque hace tres meses que no pagamos.

¿Cuál es el colmo de un rico?

¡Expresarse con palabras pobres!

Un timidísimo empleado se presenta un día ante el director, y temeroso le pregunta:
—Señor director, perdone..., verá, mi mujer me ha encargado que le pida un aumento de sueldo.
—¿De verdad? —responde el director—. Bueno, le preguntaré a mi mujer si puedo concedérselo.

El director le dice a un empleado:
—¡Cuando un superior no logra hacerse entender por un empleado, quiere decir que es un imbécil! ¿Ha comprendido?
—No, señor director.

El nuevo inquilino, le dice al dueño de la casa:
—Pero usted me garantizó que en esta casa uno podía ducharse, y yo no veo la...
—¡Tenga paciencia, hombre!, cuando llueva.

Dos comerciantes en una subasta:
—¡Afortunadamente esta vez mi mujer no ha podido venir!
—¿Por qué, afortunadamente?
—Porque siempre quiere tener la última palabra.

Algunos amigos quieren hacer un regalo a Luis y le preguntan qué es lo que le gustaría:

—Una pipa, y en la parte de delante esculpida la cara de mi director.

—¿Pero lo aprecias hasta ese punto?

—¡No, es para ver si dejo de fumar!

¿Cuál es el período más crítico para un empleado?

Finales de mes, sin duda... ¡sobre todo los últimos veinte días!

En el colegio, la maestra le pregunta a Jaimito:

—¿Qué hace tu madre?

—Es electricista.

—¡Qué original!... ¿pero estás seguro?

—¡Claro! ¡Ya ha dado a luz a diez hijos y no tiene intención de dejarlo!

El papá a Jaimito:

—¿Sabes que dentro de pocos meses, mamá y yo te compraremos un hermoso hermanito?

—Dentro de pocos meses... ¿entonces, también esta vez a plazos, papá?

Un amigo le dice a otro:

—¿No es tuyo aquel Ferrari?

—Sí, de vez en cuando.

—¿Qué quieres decir?

—Cuando está recién lavado, es de mi mujer; cuando hay una fiesta en alguna parte, es de mi hijo; ¡y cuando hay que poner gasolina y pagar las reparaciones es mío!

Una mujer le dice a su esposo:

—Querido, he dejado una deuda, a escondidas tuyas, de cien mil pesetas en la tienda de la esquina.

—¡No te preocupes, amor!, basta que la liquides a escondidas mías.

Un marido le dice a su mujer:

—Tesoro, esta noche debo salir.

—¿Ah, sí? ¿Y dónde vas?

—Tengo que ir a la reunión bienal del círculo de los excompañeros de Universidad.

—¡Extraño, realmente extraño! ¿Las reuniones bienales se hacen cada semana?

En el zoo:

—¡Mercedes, mira cómo se fija en ti aquel chimpancé!

—Bueno, Juan, ¿no empezarás de nuevo con tus acostumbradas escenas de celos?

Ella a él, sentados en un sofá, durante una noche de verano:

—Juan, ¿por qué hace poco sonreías?

—Sabes, Ana, pensaba en los espléndidos días de felicidad que hemos pasado.

—¿Cuándo, tesoro?

—¡Cuando no nos conocíamos!

El cocodrilo le dice a la cocodrila:

—No tengas miedo, querida, aquel cazador no nos disparará. ¡Este invierno están de moda los bolsos de serpiente!

Una amiga le dice a otra:

—Mi hija mayor es mi propio retrato. Cada día que pasa se parece más a mí.

—¡Ah, sí! ¡Pobre chica! ¿Pero no hay, realmente un remedio?

Entre amigas:

—Sabes, ayer decidí no darle más confianza a aquel maleducado de Arturo.

—¿Ya no le saludas?

—¡Peor, lo saqué de mi cama!

Una amiga le dice a otra:

—He decidido dejar a Juan, es realmente un monstruo y un avaro incurable. ¡Imagínate, el otro día le dije que me acompañara a un desfile de pieles y me llevó al zoo!

Una tortuga le dice a otra:

—¡Aquel monstruo, me ha dejado! ¡Y pensar, Dorotea, que le he dedicado el mejor siglo de mi vida!

Entre amigos:

—¿Cómo estás, Juan? ¿Qué tal has pasado el fin de semana?

—Bueno..., veras..., el sábado nos quedamos en casa y el domingo yo quería ir a ver el partido de fútbol y mi mujer quería ir al teatro...

—Comprendo, ¿qué tal la comedia?

Entre amigos:

—Sabes, Luis, me he apostado cincuenta mil pesetas con Felipe...
—No te creo, ¿en qué?
—¡En que tú no me creerías!

—Pedro, ¿quedamos a las tres, como siempre, para hacer la partida?
—No puedo, a las tres me caso, ¿quedamos a las cinco?

Un marido a dos ladrones que le están desvalijando el apartamento, les dice:
—¡Os lo ruego, llevadme con vosotros, que tengo una mujer que no puedo soportar!

—Jorge, ¿por qué te vas? ¿No estás contento con los platos que te cocino?
—¡No puedo quejarme!
—¿No te contento siempre cuando quieres ver el partido de fútbol en televisión?
—¡No puedo quejarme!
—¿Entonces por qué te vas a vivir con tu amigo Carlos? ¿Qué es lo que es mejor en su casa?
—¡Que puedo quejarme...!

Una esposa le dice a su marido:
—¡Alberto, tú ya no me amas! Antes por mi cumpleaños me regalabas violetas, y me decías que eran frescas como mi piel; en cambio, desde hace ya dos años, me regalas plantas con espinas.

La secretaria de un consultorio médico:

—No, el doctor Pérez no está en Barcelona, está en el extranjero durante veinte días, aproximadamente.

—¿Ah, sí? ¡Qué suerte!, y en viaje de placer, supongo...

—¡Bueno, creo que no! Se ha ido de vacaciones con su mujer.

—Señorita, en su coche falta una rueda.

—¡Ah, ahora comprendo por qué he encontrado una escondida en el portamaletas!

En el médico:

—Doctor, estoy realmente preocupada por mi hijo Luis. Pasa todo su tiempo libre jugando a pelota y a pistolas que son su pasión. Y cuando estamos de vacaciones y vamos a la playa, se pasa todo el día haciendo castillos de arena con la pala y el cubo, y ya no hablemos de cuando vamos por la calle: le tengo que apartar de los escaparates de las jugueterías...

—Bueno, señora, yo no veo nada de extraño en lo que me está contado. Me parece que su hijo Luis es normalísimo.

—¡Pero, doctor, tenga en cuenta que mi hijo Luis, tiene cuarenta y tres años!

La madre le dice a Jaimito:

—Jaimito, ¿has visto qué aplicado es Pedrito en el colegio? ¿Por qué no lo imitas? ¡Él rinde el doble que tú!

—¡A la fuerza, es bizco, y puede estudiar todas las asignaturas dos veces!

Pedro va como siempre al bar del pueblo y pide cuatro vasos de vino tinto. Luego, se los bebe los cuatro uno tras otro. Cada día hace lo mismo, hasta que una vez llega al bar y pide tres vasos. El camarero, sorprendido le pregunta:

—Perdone, ¿por qué hasta la semana pasada usted bebía cuatro vasos de vino tinto y ahora bebe sólo tres?

—Sí, yo bebía cuatro vasos: uno por mí y los otros tres por mis tres hermanos que viven lejos de aquí, y así me parecía tenerlos más próximos a mí. Pero, luego, el médico me ha puesto a régimen y me ha dicho que no beba. Desde entonces bebo sólo los vasos de mis hermanos.

—Juan, ¿cómo es que fumas cinco cigarrillos al mismo tiempo?

—Porque he decidido que dejaré de fumar mañana, pero todavía me quedan doce horas.

En el psicoanalista:

—Señorita, tenga paciencia, estoy muy cansado hoy. ¿No le importa que me estire yo también un poquito, junto a usted, en su cama?

—Jaimito, tesoro, ¿qué te ha parecido el primer día de colegio? ¿Ha ido bien? —pregunta la madre a su pequeño hijo.

—Oh, creo que sí. El profesor es muy simpático, me ha hecho muchas preguntas. Me ha preguntado si tenía hermanos o hermanas.

—Y tú dijiste que eras hijo único, ¿verdad?

—Sí.

—¿Y él qué dijo?

—¡Oh, sólo suspiró diciendo: ¡menos mal!, ¡gracias a Dios!

—Jaimito, ¿por qué debo pedirle a la chica las llaves que he perdido?

—Porque papá le dice siempre que tiene todo lo que tú no tienes.

En el campo, Jaimito y Luisito observan minuciosamente un huevo que está a punto de abrirse, y Jaimito exclama:

—¿Cómo lo hará el pollito para salir?

A lo que Luisito, añade:

—¡Realmente a mí lo que me gustaría saber es cómo lo ha hecho para entrar!

Un niño está sollozando, sentado en la acera de una calle. De repente, una señora que lo ve, se acerca a él y le pregunta por qué llora:

—¡Mi mamá me había dado cincuenta pesetas para que me comprase la merienda y las he perdido!

La señora, enternecida, abre el monedero y le da las cincuenta pesetas.

—¡Oh, señora, gracias! ¡Qué milagro que usted las haya encontrado!

Jaimito le dice a su amigo Luisito:

—Yo, de verdad, a los mayores no los comprendo. Hoy papá me ha dado una bofetada porque no quería sacarle la lengua al doctor, y ¡ayer me dio otra porque le saqué la lengua a mi profesora!

Una hormiga le dice a una amiga:

—Me pareces nerviosa y cansada.

—¡Ya lo creo! ¡Con estas casas modernas en las que se oye el más mínimo ruido! He tenido la desgracia de estar debajo de un ciempiés noctámbulo, que cuando llega por la noche remueve la tierra y se quita los zapatos. ¡Pero es que transcurre más de una hora hasta que no se los ha sacado todos!

Un chico de color va a ver al rector de la Universidad en el sur de los Estados Unidos para inscribirse.

El rector le pregunta:

—¡Muy bien, señor Jordan!, ¿en qué rama desea inscribirse?

—¡Cómo se atreve a decir rama! —exclama el joven enfadadísimo—. ¡Yo quiero un banco, como todos los demás estudiantes!

Palomas mensajeras.

La esposa de una paloma mensajera le dice a una amiga:

—¡Estoy segura, que cuando mi marido vuela por trabajo, me traiciona! Ayer cuando volvió a casa, tenía en el ala una pluma marrón y yo soy toda blanca.

Un aspirante a pintor lleva un cuadro suyo a una galería. El galerista mira el cuadro y le ofrece al joven trescientas pesetas:

—Pero, ¿qué dice? —exclama el artista—, ¡si yo he gastado más de trescientas pesetas en comprar la tela!

—Lo sé, pero antes la tela era blanca.

En el restaurante:

—Perdone, señor, ¿cómo ha encontrado el bistec?

—¡Por casualidad, debajo de un guisante!

En la zapatería:
—Quisiera un par de zapatos.
—¿De piel?
—¡No, de hombre!

En el manicomio.
Dos locos van a ver al director del manicomio y le dicen:
—Hemos decidido batirnos en duelo. Queremos que usted nos dé dos pistolas.
—¡No puedo permitirlo, y además en el manicomio sólo hay una pistola!
—Bueno, da igual, primero la usará uno y después el otro. ¡Somos amigos y no vamos a discutir por esto!

En el manicomio.
Un loco se acerca corriendo a un visitante y exclama:
—¡Soy un obispo, soy un obispo!
—¿Ah sí? ¿Pero quién te ha dicho que eres un obispo?
—¡El Papa, me lo ha dicho!
—No le haga caso, está loco... —exclama otro loco que pasa por allí—. ¡Yo no le he dicho nada!

Un amigo le dice a otro:
—Sabes, a causa del accidente de coche que tuve me han tenido que cortar una pierna.
—¡Oh, qué lástima! ¿Pero al menos el pie lo has salvado?

Jaimito le pregunta a su madre:
—Mamá, ¿por qué al autobús lo llaman un medio público?

—Porque el otro medio va en coche.

Una empleada llega a la oficina con una hora de retraso:
—Señorita —le recrimina el jefe—, tenía que estar usted aquí a las nueve...
—¿Por qué? ¿Ha pasado algo?

Antisindical.
Un empleado se presenta a su jefe y le dice:
—Necesito que influya usted para que me den un ascenso, porque me he casado.
—Lo siento mucho, amigo mío, pero no soy responsable de una desgracia ocurrida fuera de su trabajo.

Un niño con experiencia.
En la consulta de un otorrinolaringólogo, el médico le dice al niño:
—Di «a».
—¡No quiero!
—¡Anda, niño!, di «a» —interviene la madre.
—¡No quiero, mamá! La última vez que le dije «a», me quitó las amígdalas.

Perdida y recuperada:
—¡Mamá, ya encontré la chaqueta que perdí la semana pasada!
—¿Dónde estaba?
—La llevaba puesta debajo de la camisa.

¡Pobre cerdo!
Un niño llega a su casa con un cerdo, y la madre le dice:
—Jesusín, ¿de dónde has sacado eso?
—Me tocó en una tómbola.
—¡Pues ya estás devolviéndolo!
—¡No, mamá, deja que me lo quede!
—¿Y dónde piensas ponerlo?
—¡En el jardín!
—Ahora muy bien, pero ¿y en invierno?
—En invierno, en mi cuarto, debajo de la cama.
—Debajo de la cama, ¡qué peste! —exclama la madre.
—No te preocupes por la peste, mamá, ¡ya se irá acostumbrando!

En un mundo al revés.
Dos señoras están en la puerta del colegio esperando a que salgan sus respectivos hijos. De pronto, un hombre ya maduro, sale corriendo con aires de felicidad.
—¡Mira! —dice una—, ¡los chicos están a punto de salir, pues éste que ha salido es el profesor!

Un padre de familia, tras una larga conversación telefónica, concluye:
—De acuerdo, sí, le concedo la mano de mi hija. Pero, antes dígame ¿con quién tengo el gusto de hablar?

El cumpleaños.
Una madre le dice a su hijo:
—¡Hijo mío, dame un beso que hoy es mi cumpleaños!
—¡Pero, mamá! —exclama sorprendido el niño—. ¿Pero tú todavía cumples años?

☆ ☆ ☆

De tal palo...

La madre riñe a su hijo después de que éste le ha entregado las notas del colegio.

—¡Has suspedido en conducta! ¡Se lo diré a tu padre cuando salga de la cárcel!

Día de perros.

Un padre le dice a su hijo:

—¿Pero cómo? ¿Vas a salir con este tiempo? ¡Si hace un día que no es ni para perros!

Y el hijo responde, flemáticamente:

—Papá, pero yo no había pensado salir con el perro.

Malas notas.

Llega Jaimito a casa y guardando las notas detrás de la espalda, le ofrece un bolígrafo a su padre, y le dice:

—Papá, ¿sabes firmar con los ojos cerrados?

Castigo injusto.

Jaimito llega a su casa llorando y su padre le pregunta:

—Jaimito, ¿qué te pasa?

—El profesor me ha castigado por una cosa que no he hecho.

—¿Qué cosa?

—Los deberes.

Una madre le dice a su hijo:

—Pero, Jaimito, ¿qué haces en casa a estas horas? ¡Ya deberías estar en la escuela!

—¡Ya decía yo que se me olvidaba algo!

En el oculista.
Una madre que acompaña a su hijo al oculista le pregunta al doctor, señalando los carteles de las letras que sirven para graduar la vista:

—Doctor, ¿me da usted su palabra de que es una lectura apta para menores?

En la piscina.
Una señora está tomando el sol al lado de la piscina de su casa de veraneo, mientras su hijo se está ahogando en ella, y la señora que lo ve, exclama:

—¡Arturito, hijo, bebe despacio que te puede hacer daño!

Un padre que riñe a su hijo por sus malas notas, le dice:
—¡Deberías aprender de tu amigo Leandro, que tiene seis años y ya es hijo de catedrático!

Una madre le dice a su hijo que está enfermo:
—¡Ya estás en cama con gripe otra vez! ¿No podías haber aprovechado la gripe que tuviste antes de Navidades?

Larga espera:
Una pareja de guardias civiles que están guardando la costa, se acercan a una señora que se encuentra al borde de un acantilado mirando al mar, y le preguntan:

—Señora, ¿qué le pasa?
—Estoy muy preocupada, mi hijo Juan se cayó aquí la semana pasada y ¡aún no ha salido!

Lógica infantil.
Una madre le pregunta la lección a su hijo:
—Dime un animal que tenga dos patas.
—¡El perro!
—¡Pero, hijo mío! ¡El perro tiene cuatro!
—¡Bueno, dos más a mi favor!

Un niño le dice a su padre:
—¡Papá, papá, cómprame una trompeta!
—No, Pepito, que me darás la tabarra todo el día.
—No, te prometo que no te molestaré, la tocaré sólo cuando estés dormido.

Un individuo se acerca a una casa de campo y le pregunta a un chico que corre por allí:
—¿Está tú padre?
—Sí, señor, está en la pocilga dando de comer a los cerdos. Lo reconocerá usted en seguida, es el único que lleva sombrero.

Un niño curioso le pregunta a su padre:
—Papá, ¿es verdad que dentro de poco podremos ir a la luna?
—¡Sí, hijo, pero no se lo digas a mamá que se apuntaría!

Chico ejemplar.
Dos madres hablan de sus respectivos hijos.
—¡No sabe usted la de disgustos que me da el chico!
—Pues el mío, todo lo contrario, ¡es un cielo!
—¿No fuma?
—Ni un cigarrillo.
—¿No bebe vino?

—Ni olerlo.
—¿Y no se va de juerga con los amigos?
—¡Qué va! ¡Si se acuesta a las siete!
—¿Y que edad tiene?
—¡Cuatro meses!

El padre intenta convencer a su hijo de que tiene que ir a la escuela.
—Para ser inteligente tienes que ir a la escuela y estudiar mucho.
—¡Pero, papá! —exclama el niño—. ¡Yo no quiero ser inteligente, yo quiero ser como tú!

El padre le pregunta a Jaimito:
—¿Te gusta ir al colegio, hijo mío?
—¡Sí, pero lo que no me gusta es entrar!

Hereditario.
Un niño le pregunta a otro:
—¿Tu papá es muy inteligente?
—Sí.
—Ya veo... Entonces tú debes haber salido a tu mamá.

Un niño le dice a otro:
—Mis padres dicen que este verano iremos a dar la vuelta al mundo, pero la verdad, yo preferiría ir a otro sitio.

Un paciente va al consultorio de un dentista y éste para calmarle le dice:

—Abra bien la boca y no se mueva. No ha de tener miedo, ya verá cómo no le duele absolutamente nada.

—¡Deje de decir sandeces, por favor, yo también soy dentista!

La esposa lee el periódico y exclama muy contenta:

—¡Mira, Pedro, es fantástico, se ha inventado la camisa sin botones!

Y el marido que la está escuchando, añade:

—No veo que ello sea una novedad, pues yo la uso hace ya diez años, exactamente desde que nos casamos.

Una mujer se enfada con su marido y le dice:

—Tienes que despedir al chófer, pues es ya la tercera vez que está a punto de matarme con el coche.

—No te enfades, querida, es un buen chico, deja que le dé otra oportunidad.

☆ ☆ ☆

Un productor de cine llega tarde a su casa y se encuentra con un ladrón que está intentando abrir la caja fuerte.

—Pero, ¿qué hace usted aquí?

—Busco dinero.

—¿De verdad?... Pues, busquémoslo juntos, y si lo encontramos iremos al cincuenta por ciento.

☆ ☆ ☆

—¡Buenos días, señora, soy el fontanero! Vengo a arreglar unos grifos del cuarto de baño.

—¡Pero si no están estropeados!

—¡Cómo! ¿No es usted la señora López?

—No, soy la señora Pérez. Los señores López se mudaron hace tres meses.

—¡Vaya, hay que ver cómo es la gente! Llaman al fontanero para que les arregle urgentemente unos grifos y cuando llega... ¡no están...!

Un hombre es acusado de asesinato y niega su culpabilidad.

—¿Tiene por lo menos una coartada? —le pregunta el juez.

El acusado permanece silencioso.

—Quiero decir —aclara el juez— si alguien le vio en el momento del asesinato.

—¡Afortunadamente, no, señor juez...!

En una entrevista deportiva, un periodista le pregunta al entrenador de un equipo de hockey sobre patines:

—¿Cómo marcha su equipo?

Y éste contesta sonriendo:

—Sobre ruedas, sobre ruedas...

Vida privada.

Tener vida privada no significa privarse de privaciones, sino no privarse de nada.

Las paredes oyen.

Una azarosa discusión entre el matrimonio Rodríguez queda interrumpida por una leve sospecha que flota entre los dos. De pronto, el señor Rodríguez le dice a su esposa, gritando:

—¡Las paredes no tendrían oídos si las vecinas no estuvieran escuchando detrás de ellas!

Todo depende...

Un amigo se lamenta ante otro de su poco éxito con las mujeres.

—¡No sé qué les pasa, se creen que los hombres son demonios!

Y añade el otro:

—¡Sí, pero la mayoría de ellas está esperando que el diablo se las lleve!

En la consulta de un médico.

—Desde hace veinticinco años que ejerzo la medicina y nunca, ninguno de mis pacientes se ha quejado de mí.

—Es natural, doctor —añade uno—, ¡los muertos no hablan!

Suena el teléfono en casa de Lord Blackberry. Se pone el mayordomo al aparato y responde a la llamada.

—Aquí el domicilio de Milord Blackberry.

—Aquí la Cámara de los Lores, ¿está Milord en casa?

—No, salió a dar un paseo a caballo.

—¿Sabe si tardará en volver?

—Me imagino que no, el caballo de Milord ya ha regresado.

Una recién casada ofrece a su marido sus primeros platos culinarios.

El nuevo marido se queda mirando el plato con aire receloso y ella, para tranquilizarle, le dice:

—Querido, es posible que no cocine muy bien, pero ya sabes que soy una excelente enfermera.

Una amiga le dice a otra:

—¡No entiendo cómo permites que tu marido ponga los pies encima de la mesa!

—¡Si vieras la cantidad de monedas que le caen de los bolsillos, cuando está en esa posición!

Un turista está recorriendo París y va una noche a Pigalle. Al pasar por delante de un cabaret, el portero le anima a entrar:

—¡Pase, señor! ¡Ahí dentro se divierte todo el mundo!

—Entonces... ¿qué hace usted fuera?

Una amiga le pregunta a otra:

—¿Lloras porque tu novio no quiere saber nada más de ti? ¿Y por qué no quiere saber nada más de ti?

—¡Porque sabe demasiado!

Un señor cobra un cheque en el Banco y se detiene a contar el dinero varias veces. De pronto, el empleado preocupado por si había cometido algún error, le pregunta:

—¿No está bien?

—¡Oh, sí, sí!... pero, ¡es tan justo!

Una mujer le dice a su esposo:

—¡Desgraciado! ¿No te había prohibido el médico que fumases?

—Sí, ¡pero acabo de enterarme de que ha fallecido en un accidente de coche!

—Tu padre me odia, Merceditas.

—¡Oh, no! ¡No tienes derecho a decir eso! Yo creo que está empezando a quererte. ¡Fíjate que te preguntó si sabías nadar, antes de tirarte al río!

Un caballero le dice a una chica:
—Señorita, cuando bailo con usted, me olvido de todo.
—Muy amable, ¡pero acuérdese de que tengo dos pies!

Un señor visita detenidamente una sombrerería de señoras, y después de haber visto todos los modelos de sombreros, exclama:
—Me temo que ninguno de estos modelos le gustará a mi mujer, ¿no tendría usted alguna cosa más ridícula?

Una pareja de enamorados pasea por la orilla de un lago.
—¡Fíjate, cariño, cuánta agua!
—¡Sí, amor mío, eso que sólo vemos la de arriba!

En la oficina.
El jefe le dice a un empleado:
—He decidido subirle a usted el sueldo, pero no diga una palabra a nadie.
—Confíe usted en mí, señor director. ¡No sé lo diré ni a mi mujer!

Un escritor joven habla con un novelista consagrado:
—¡Ah, maestro! ¡Si quisiera usted contarme el secreto de su éxito! ¿No podría decirme el procedimiento que usted utiliza para escribir sus novelas?

—¡Naturalmente, joven! Todos los escritores empleamos la misma técnica. Tomamos las letras del alfabeto y las mezclamos, disponiéndolas en el orden adecuado.

Un señor entra en un restaurante y le pregunta al camarero:
—¿No tendría usted alguna comida sencilla para gente que no tenga los gastos pagados?

Un amigo le pregunta a otro:
—Pedro, ¿tienes novia?
—Sí.
—¡Pero si me dijiste que las mujeres te daban dolor de cabeza!
—Sí, pero esta es diferente...
—¿Diferente? ¿Por qué?
—¡Porque su padre es médico!

Una amiga le dice a otra:
—Pero, Luisa, me sorprendes, mira que dejar a tu marido. ¡Con lo honrado que es!
—¡Precisamente por eso, le dejo, pues es tan honrado que no tiene ningún porvenir!

Un amigo le comenta a otro:
—Mi mujer y yo fuimos felices durante más de veinte años.
—¿Y luego?
—Luego... ¡nos conocimos!

Un amigo le comenta a otro:

—Yo para casarme necesito encontrar una mujer buena, hermosa, rica y tonta.

—¿Y por qué tonta?

—Porque si no es buena, hermosa y rica, yo no me caso con ella, y si no es tonta, ella no se casará conmigo.

Una esposa le dice a su marido:

—¡También hoy llegas tarde! ¿Pero es posible que nunca puedas ser puntual? ¡Incluso a nuestra boda también llegaste tarde!

—¡Sí, pero no lo bastante!

—Yo prefiero siempre dar que recibir.

—Claro que sí, pero dígame, ¿usted a que se dedica?

—¡Soy boxeador!

El marido responde indignado a las constantes preguntas insidiosas de su mujer.

—¡Deja ya de preguntarme si mi secretaria es hermosa...! Ella también se pasa el día preguntándome si también lo eres tú!

En el baile:

—¿Quién es aquel sujeto tan feo? —dice una muchacha a su compañero de baile.

—Es... un hermano mío.

—¡Oh, perdona! ¿Cómo no me habré fijado antes en el parecido?

Entre amigos.

—Mi abuelo paterno, que está en la gloria, murió a los noventa y ocho años.

—¡Eso no es nada, hombre! —dice uno—, yo tuve un tío que llegó a cumplir los ciento dieciséis años.

Y un tercero, ya molesto, añade:

—¡No me explico todavía cómo viven tan poco tiempo vuestros parientes. ¡A mí no se me ha muerto todavía ninguno hasta la fecha!

Un importante financiero estaba estudiando sus documentos y papeles referentes a las cotizaciones de Bolsa, cuando, de pronto, su esposa se cae por las escaleras.

—¡Señor! ¡Señor! —grita su secretario—. ¡Su esposa se ha caído al bajar!

—¿Qué? ¿Ha bajado? ¡Entonces, venda, venda, inmediatamente!

La esposa despierta a su marido que está roncando y le dice:

—¡Harías menos ruido si cerraras la boca!

—¡Lo mismo digo, querida!

☆ ☆ ☆

Una chica quiere casarse con un joven que no resulta del agrado de sus padres. El padre no quiere saber nada de él y le pregunta a su esposa:

—¿Le has dicho a la niña que si se casa con ese tipo, la desheredaré?

—No, he hecho algo mejor, ¡se lo he dicho a él!

☆ ☆ ☆

Un niño le pregunta a su profesor de piano:

—¿Qué es lo más difícil cuando se aprende a tocar el piano, maestro?
—¡Pagar las lecciones!

Una amiga le dice a otra:
—Voy a casarme con un artista.
—¿De qué género?
—¡Vaya pregunta! ¡Del masculino!

Una mujer le dice a su marido:
—Cuentas por ahí que te has casado conmigo por mi dinero y que yo no tenía un duro cuando me casé contigo. ¿Por qué lo haces?
—¿Qué otra razón quieres que dé?

Una amiga le dice a otra:
—Sabes, Teresa vivía muy preocupada por saber dónde pasaba las noches su marido... Necesitaba saberlo.
—¿Y llegó a descubrirlo?
—Sí. Una noche se quedó en casa y vio que era allí donde estaba su marido.

Celebración.
Un amigo le dice a otro:
—Escucha, Pedro, ¿quieres hacerme unos versos?
—¿Por qué?
—¡Porque mañana me caso!
—Entonces, no, porque no me gusta celebrar desgracias!

Un amigo le comenta a otro:

—Sabes, Pedro, tengo que darte una mala noticia: nuestro amigo Carlos ha sido asesinado.

—Indudablemente el móvil del crimen debió de ser el robo, pues Carlos tenía dinero.

—Sí, pero lo tenía todo depositado en el Banco.

—¡Ah, entonces no ha perdido más que la vida!

La dueña de la casa le dice a la institutriz que acaba de contratar:

—¿De modo que está usted segura de que sabe educar a los niños, según los métodos modernos?

—Sí, señora, no les pego más que en defensa propia.

Un médico le dice a su paciente:

—Si quiere usted curarse, deberá tomarse durante un mes quince gotas de esta botella todas las mañanas.

—¡Imposible, doctor, porque yo sólo sé contar hasta diez!

Un amigo le enseña el retrato de su abuelo a otro, y le dice:

—¡Este es el retrato de mi pobre abuelo!

—¿Ha muerto?

—¡No, es pobre simplemente!

Un matrimonio de mediana edad, comentan acerca de un amigo que ha fallecido, y su esposa le pregunta:

—¿Y tú, querido, no has pensado nunca quién de los dos morirá primero?

—¡Claro que sí, querida, muchas veces! ¡Y he pensado que cuando suceda yo me iré a vivir a París!

La criada entra en el salón corriendo y le dice al señor de la casa:

—Señor, señor, el niño se ha tragado una peseta. ¿Llamo al médico?

—¡De ninguna manera! ¡No nos vamos a arruinar por una peseta!

Un marido llega a su casa muy contento y con varias botellas de champagne, por lo que su mujer le pregunta:

—¿Qué son tantas botellas y tanta alegría?

—¡Querida, tenemos que celebrar mi nombramiento! ¡Me acaban de nombrar presidente de la Asociación contra el Alcoholismo!

Varias empleadas de una oficina comentan de una que está hablando por teléfono:

—¿Quién habla con ella?

—Un admirador que la vio una sola vez.

—¡Supongo que de noche!

Una vez el célebre doctor musulmán Abú fue interrogado por un periodista:

—¿Le paga el califa por su ciencia?

—Sí, cierto, me paga por mis conocimientos, porque si tuviera que pagarme por todo lo que no sé, ¡no tendría bastantes tesoros para hacerlo!

En dirección opuesta.

Un amigo se encuentra a otro por la calle que va cargado con una maleta, y le pregunta:

—¿Te marchas de viaje?

—Sí, hombre. ¿No sabes lo que me ha pasado?

—No, dime.

—Pues que mi mujer se ha fugado con otro.

—¿Y vas en su busca?

—¡Qué va! Al contrario, me marcho rápidamente de aquí, ¡no sea que se arrepienta y le dé por regresar a casa!

☆ ☆ ☆

Dos amigos salen del teatro después de haber visto la representación de un baile ruso.

—Pues, si quieres que te diga la verdad, no me ha gustado mucho ese baile ruso.

—¡Pues, en todas las demostraciones artísticas Rusia ha obtenido un gran éxito!

—Se comprende, ¡pero no me negarás que hay obras que pierden mucho cuando se traducen!

☆ ☆ ☆

En una fiesta, un amigo le dice a otro:

—¿Ves aquel individuo que está junto al piano hablando con el general?

—Sí, ¿quién es?

—¡Pues es el hombre de más talento que he conocido!

—¿Es artista, pintor, poeta, músico?

—¡Nada de eso!

—¿Político?

—Tampoco. Ese hombre fue novio de mi mujer…, ¡y no se casó con ella!

☆ ☆ ☆

Un médico visita a un preso en la cárcel, y le dice:

—Creo que sólo tiene un resfriado, por lo tanto le aconsejo que evite el salir.

Jaimito va a examinarse y como siempre no ha estudiado nada.

—¿Tiene usted la bondad —le pregunta uno de los catedráticos— de decirnos qué es un termómetro?

—Pues un tubo con un agujero.

—¡Cómo!

—Digo, con dos agujeros.

—¿Con dos agujeros?

—Quiero decir, con tres agujeros.

—Vamos —le dice el profesor—, usted por lo visto está describiendo lo que es una flauta..., ¡por si suena!

Un amigo le dice a otro:

—Sabes, mi mujer siempre está con Dolores.

—¿De estómago?

—¡No, con la portera!

Un jefe le dice a su secretaria:

—No es usted lo bastante simpática y agraciada, señorita, como para que yo le permita tantas faltas de ortografía.

Un amigo le dice a otro:

—Estoy aburrido, Luis, necesito mil pesetas y no sé a quién pedírselas.

—¡Menos mal! Por un momento creí que venías a pedírmelas a mí!

Una esposa le comenta a su marido:

—Un especialista en cirugía estética me aseguró que por cinco mil pesetas me cosería la mitad de la boca.

—Bueno, te doy diez mil y que te la cosa entera.

Una mujer le comenta a su marido que es un holgazán:
—¿Sabes que Felipe trabaja?
—¡Qué asco! —comenta el marido—. ¡Hay gente que por dinero es capaz de todo!

Un amigo le comenta a otro, frente a unas grandes montañas:
—¿Ves estas cumbres nevadas tan blancas?
—Sí.
—¡Pues el que las pasa, las pasa negras!

Un ladrón detiene a un transeúnte y sacando una pistola le dice:
—¡Déme mil pesetas o le pego un tiro!
—Bueno, pero tendrá que cambiarme porque sólo llevo un billete de cinco mil.

☆ ☆ ☆

Un chico va a pedirle la mano de su enamorada al padre de ésta, y el padre le pregunta:
—Al pretender la mano de mi hija, es porque usted tendrá un porvenir asegurado.
—¡Naturalmente, señor! ¡A no ser que ella me haya mentido!

☆ ☆ ☆

Una madre y su hijo van a ver al director de un colegio y la madre le dice a éste:
—Quiero que mi hijo aprenda una lengua extranjera.

Y el director le pregunta:

—¿Inglés, francés, italiano?

—Me da igual, el precio no me importa, quiero el idioma más extranjero que tenga.

Un amigo le dice a otro:

—¿Vienes a tomar un café conmigo?

—No, gracias, nunca tomo café los días que voy a la oficina, pues me impediría dormir.

Un padre le dice a su hijo:

—¡Niño, no digas palabras feas!

—¡Pero, papá, si esta palabra la dice Cervantes!

—Bueno, ¡pero que no sepa yo que vuelves a jugar con él!

Un señor entra en una tienda y le dice al empleado:

—Vengo a pagar el último plazo del cochecito del niño.

—¿Y qué tal está el niño?

—¡Oh, perfectamente...! ¡Mañana se casa!

Un médico le dice a otro en el hospital, después de haber examinado a un paciente:

—¡A este señor hay que operarlo en seguida!

—¿Qué tiene?

—¡Dinero!

Una mujer le dice a su marido, antes de entrar en un cine:

—Esta película ha ganado el primer premio en el Festival de Venecia.

—Bueno, no importa, entremos, ¡a lo mejor es buena!

Un amigo le pregunta a otro:

—Oye, ¿es verdad que tu mujer no tiene boca?

—No la necesita, ¡es de esas que habla por los codos!

Un señor entra en un restaurante y pide un menú económico, a lo que el camarero añade:

—Si lo desea, señor, todavía tenemos un cubierto que resulta mucho más barato que el menú. Damos cincuenta pesetas a todo el mundo que es capaz de comérselo.

Un padre le dice a un chico que ha ido a pedirle la mano de su hija mayor:

—¡Mi hija no puede casarse con usted, pues con lo que usted gana no tiene ni para pañuelos!

Y el joven responde:

—Bueno, ¡pero no va a estar siempre resfriada!

En una fiesta, un chico le pregunta a una chica:

—¿Usted es la hija del célebre millonario López?

—No.

—Entonces, perdone, ¡por un momento creí que la amaba!

☆ ☆ ☆

Un novio enamorado, le dice a su novia:

—Me han aumentado el sueldo, ya podemos casarnos. ¿Tendrás bastante con las cincuenta mil pesetas que gano?

—Creo que sí, pero, ¿y tú, querido, de qué vas a vivir?

Una madre le dice a su hijo:

—¡Anda, hijo mío, tómate las vitaminas, así serás fuerte como papá!

Y el niño sorprendido, responde:

—Pero, ¿por qué tengo que ser tan fuerte como papá, si eres tú siempre la que mandas?

Una esposa le dice a su marido:

—¡Pero, Pepe, qué bigote tan pequeño te has dejado!

—¡Qué se le va a hacer! ¡Está todo tan caro!

Un amigo le dice a otro que acaba de dar una conferencia:

—¿Tuvo éxito la conferencia sobre la pesca de la sardina?

—¡Un fracaso, chico! ¡Sólo han ido cuatro gatos!

Un mendigo le pide una limosna a un transeúnte que pasa por su lado:

—¡Anda, señor, déme una limosna, por el amor de Dios!

Y el transeúnte, responde:

—¡Yo nunca doy limosnas en la calle!

—¡Pues tenga mi tarjeta —añade el mendigo— y mándemela a casa!

Una mujer le dice a su marido:

—Cariño, haz el favor de remover la salsa que he dejado en la cocina, cada media hora, que yo voy un minuto a casa de la vecina.

Un chico le dice a su novia:
—Que buena persona es tu padre, Lolita. He estado esta tarde con él y no me ha concedido tu mano.

Un amigo le dice a otro:
—Sabes, ayer fui a felicitar a Luis por lo de la boda.
—Pero, ¡si el compromiso matrimonial se celebró hace un par de meses!
—¡Sí, pero ayer se deshizo!

Un matrimonio conversa animadamente con otro acerca del futuro de su hijo:
—Pues, no sabemos realmente lo que va a estudiar el niño. Estamos indecisos entre la carrera de armas y la pintura.
—¡Pues que aprenda a pintar a pistola!

Una esposa le dice a su marido:
—Pepe, tenemos que separarnos, pues la criada me ha dicho que ella o tú.

Un amigo le pregunta a otro:
—¿Qué tal están tus hijos?
—Pues mira, el mayor se ha casado, pero el pequeño está muy bien.

Un mendigo le pide a un transeúnte una limosna y le dice:

—¡Una limosna, por el amor de Dios, que no tengo a nadie que me cuide!

—¡No tienes familia y aún te quejas!

Un amigo se lamenta a otro y le dice:

—Sí, bailé con ella y era encantadora, pero le hablé de aquel tío mío riquísimo que tenía en Cuba, y ahora... ¡es mi tía!

Una esposa que está leyendo el periódico le comenta a su marido:

—¡Fíjate, Pepe! Ha muerto Juan José, y en la esquela le ponen José con «g».

—¡Claro! No estarían para «jotas».

La mujer de un ladrón le pregunta indignada:

—¿Dónde estuviste anoche, canalla? El periódico no trae ni un solo robo.

Un amigo le comenta a otro:

—Sabes, Pedro, van a subir el «Metro».

—¡Qué bien! ¡Así no tendremos que bajar tantas escaleras!

Un paciente le dice al médico:

—Así, doctor, ¿usted cree que debo cambiar de aire?

—¡Desde luego, porque tiene usted un aire de idiota increíble!

Un hijo le pregunta a su padre:

—Papá, ¿qué quiere decir título honorario?

—¡El que me da tu madre cuando me llama cabeza de familia!

Un señor le pregunta al portero de una casa de pisos:

—Oiga, portero, ¿en qué piso vive el señor Cordero?

—En el segundo «Beeeee».

Un amigo le comenta a otro:

—Pues, sí, en París me encontré a Fernández con gripe; en Bruselas a González resfriado, en Londres a Pérez acatarrado... ¡Ya ves, el mundo es un pañuelo!

Un chico va a pedir la mano de su novia al padre de ésta, y el padre le pregunta:

—¿Y usted para casarse con qué cuenta?

—¿Yo?, con los dedos.

—¡Muy gracioso!

—No, señor, no soy gracioso, es que soy pianista.

Un amigo le comenta a otro, a propósito de un matrimonio conocido que cruza la calle.

—¡Mira, Pedro, los Pérez!

—Sí, parece un matrimonio feliz.

—Sí, él es sordo.

Una señora le dice a la cocinera:

—María, hoy vienen a comer los señores Gómez.

Y la criada, le pregunta:

—Muy bien, señora, ¿quiere usted que vuelvan otro día o que no vuelvan más?

Un amigo le dice a otro:

—Yo, después de comer, siempre descanso un par de horas. ¿Y tú?

—Yo también, porque mi mujer hace la siesta.

Entre amigas:

—No soporto a Olga. Imagínate que le confié un secreto, suplicándole que no lo dijera, ¡y la muy imbécil no se lo ha dicho a nadie!

Una esposa le dice a su marido:

—¡Ya no me quieres! ¡Ni siquiera me preguntas por qué lloro!

Y el marido le responde:

—Esas preguntas me llevan costando mucho dinero.

Un amigo le dice a otro que ha pintado su primer cuadro:

—¿Y dices que es lo primero que pintas?

—Sí, pues en vida de mi mujer yo no pintaba nada.

Un médico le dice a otro:

—Nuestros pacientes no necesitan cloroformo: ¡les presentamos la cuenta por anticipado!

Un empleado de una tienda se presenta en casa del señor Pérez, cargado de paquetes, y le dice:

—Son compras efectuadas por su esposa. Ella llegará dentro de media hora, que es cuando calcula que se le habrá pasado la rabieta.

La mujer del señor Gómez ha sido secuestrada y los secuestradores llaman por teléfono a su marido para pedirle el rescate:

—¡Queremos, señor Gómez, que nos pague quinientas mil pesetas por su mujer, de lo contrario, ya no la verá nunca más!

A lo que el señor Gómez, añade:

—¿Si les doy cien mil pesetas más, no se la quedarían?

Un mendigo llama a una casa para pedir limosna y le abre una señora muy fea.

—¿A qué viene usted? ¿A pedir limosna?

—¡Claro, señora! ¿O cree que he venido a pedir su mano?

Uno le dice a otro:

—Yo tenía una barba como la suya, pero cuando vi lo feo que me hacía me la afeité.

Y el otro le responde:

—Yo tenía una cara como la suya, pero cuando vi lo feo que era, me dejé crecer la barba.

Un amigo le dice a otro:

—¿Echaron del Banco al empleado que cometió el desfalco?

—Lo han rebajado de categoría. ¡Ahora en lugar de estar en el Banco está en el banquillo!

Un niño le dice a su profesor:

—¡Oiga, yo ya no quiero estudiar más gramática, pues mi tío no sabe escribir y se ha hecho millonario vendiendo guisantes!

☆ ☆ ☆

Una señora le pregunta a otra:

—¿Qué tal ha quedado su marido después del accidente?

—¡Mal! Ha quedado tan cojo que ya no podrá correr ni siquiera una juerga.

☆ ☆ ☆

Una mujer le pregunta al médico acerca de su marido:

—Sea sincero conmigo, doctor, ¿es un esquizofrénico, como dice usted, o es un simple imbécil como digo yo?

☆ ☆ ☆

Un amigo le comenta a otro:

—¡No nos engañemos, Pedro! El perro es un animal como tú y como yo, pero sobre todo como tú.

El juez le pregunta al acusado:

—¿Es usted culpable o inocente?

—¡Inocente!

—Entonces, ¿no ha estado nunca en la cárcel?

—¡No, señor juez, esta es la primera vez que robé!

☆ ☆ ☆

Una amiga le pregunta a otra acerca de su hijo:

—Dime, ¿aprobó Jaimito el examen de Historia?

—No. ¡Pero es que le preguntaron cosas de cuando él no había nacido todavía!

Una amiga le pregunta a otra:
—¿De modo que Merceditas ha aprendido el esperanto?
—Sí.
—¿Y qué tal lo habla?
—Muy bien, ¡como si hubiera nacido allí!

La señora Pérez va a casa de una amiga suya y se encuentra con que el marido de ésta tiene un ojo morado. Sorprendida, le pregunta a su esposa:
—¿Pero qué le ha pasado a Agustín?
—¡Nada! Ayer se quedó mirando a una chica que pasaba por la calle y se le metió una cosa en un ojo!

Un cliente rabioso porque hace más de una hora que está en un restaurante y nadie le atiende, le dice al camarero:
—¡Oiga, le he llamado cincuenta veces! ¿Es qué no tiene usted orejas?
—¡Naturalmente, señor! Pero, ¿cómo las quiere: fritas o en salsa verde?

☆ ☆ ☆

Un señor entra en una tienda para comprar una pistola, y le dice al dependiente:
—¡Por favor, déme una pistola que se encasquille al segundo disparo! Es para suicidarnos mi esposa y yo.

☆ ☆ ☆

Un señor entra en una perfumería y le dice a la dependienta:
—Quiero una botella de perfume.
—Muy bien, señor, ¿la quiere para su esposa o más cara?

En un restaurante:

—¡Camarero! ¡Hace un par de horas que le estoy llamando!

—¡No me diga! ¡Cómo pasa el tiempo!

Un amigo le dice a otro:

—Mi mujer no me comprende, ¿y la tuya?

—¡No lo sé, nunca me ha hablado de ti!

La señora Pérez le pregunta indignada a su marido:

—¿Por qué despediste a la criada?

—Pues, porque le pedí un café muy cargado y me lo trajo con perdigones.

En un restaurante de lujo, el maitre le pregunta a un cliente que está ya tomando los postres:

—¿Desea la cuenta, señor?

—No, gracias, no deseo nada más.

Un amigo le pregunta a otro:

—¿Dónde has estado este verano, Agustín?

—En el Sahara.

—¿Y había mucha gente conocida?

Un amigo le comenta a otro:

—Mi mujer dice que soy un perfecto imbécil.

—¡Pues tienes suerte! Mi mujer no me encuentra perfecto ni siquiera en eso.

Una señora le pregunta a un ciego que está sentado en medio de la calle:

—¿Dónde está el otro ciego que se ponía antes aquí?

—Pues no lo sé, señora, hace tiempo que no nos vemos.

Un amigo le dice a otro:

—¡Oye, Pedro, tengo que hablarte largo y tendido!

—Pues, nada hombre, ¡vente mañana a la hora de la siesta!

Un amigo le pregunta a otro:

—¿Para quién estás edificando este panteón?

—Para mi familia y para mí.

—¡Pues que lo disfrutéis con salud!

Un empleado le dice a otro que está durmiendo sobre su mesa de trabajo:

—¡Venga, Juan, despierta, que es la hora de salir! ¡Además, ya sabes que al director no le gusta que se hagan horas extraordinarias!

Un amigo se encuentra con otro que hace tiempo que no ha visto, y le pregunta:

—Hombre, Juan, ¿qué haces ahora?

—Soy equilibrista.

—¿Equilibrista?

—Sí, mantengo a catorce de familia con tres mil pesetas al mes.

Un sargento va a buscar a un soldado que sigue durmiendo después de que han tocado diana:

—¿Pero, acaso es usted sordo, o es que no ha oído la corneta?

—¡Sí, mi sargento, claro que la he oído! Pero, sabe, es que a mí la música no me gusta.

Una paciente le comenta a su médico, preocupado:

—Realmente, no sé qué me pasa, es que de pronto se me juntan las letras...

—¡Eso les ocurre a todos los que no las pagan a tiempo!

La señora Pérez le dice a su marido:

—Me tienes que dar dinero, Juan.

—Toma una perra chica, y de verdad, siento no poderme desprender de una «gorda».

Un cliente entra en una tienda de instrumentos de música y le dice al dependiente:

—¡Esta flauta me gusta, pero tiene cinco agujeros y yo quiero una que tenga seis!

—No es ningún problema, señor, usted me da su nombre y dirección y nosotros le mandaremos el sexto agujero por correo.

Un señor que es calvo entra en una perfumería para comprar un regenerador del cabello:

—Es un regenerador estupendo del cabello —le dice el dependiente—. Piense que hace unos días lo compró el frutero que tiene la parada de frutas aquí al lado; ¡ayer se le volcó la botella sobre los melones y hoy los ha vendido como cocos!

Un amigo le dice a otro que tiene un aspecto más bien sucio.

—Oye, Pedro, ¿y tú no te bañas?

—¡Jamás, Luis! Yo tengo una salud de hierro, y la humedad me oxidaría.

Un maitre de un buen restaurante le pregunta al camarero que estaba sirviendo al cliente que ahora yace muerto en el suelo:

—¿Qué le ha pasado al cliente?

—¡Nada, señor, que pidió un café cargado y se disparó!

Un mendigo le comenta a otro:

—¡Qué vida más absurda, ésta! Uno no sabe a qué atenerse. Te pones a buscar trabajo y si lo encuentras, ¡malo!

—¿Y si no lo encuentras?

—¡Peor!

Un amigo le comenta a otro:

—¡Qué triste es la vida de soltero!

—¡Pues, mira que la de casado!

—¡Bueno, es que eso ya no es vida!

Un padre, al que el novio de su hija le ha ido a pedir la mano de ésta, le dice al muchacho:

—Mire, de momento no me interesa usted como marido de mi hija. ¡De todas formas, déjeme su tarjeta, por si no se presentase otro mejor!

Un amigo se encuentra con un conocido que hace tiempo que no ve, y le pregunta:

—¿A qué te dedicas ahora?

—Soy poeta.

—¡Vaya! Con lo buena persona que era tu padre!

La señora Fernández le dice a su criada:

—Mira, Matilde, llevas veinte años a nuestro servicio y ha llegado la hora de que te consideremos como de la familia. ¡Por lo tanto, desde el mes que viene, no te daremos sueldo!

El director de un importante Banco, recibe la visita de un apuesto joven:

—¿Dígame, qué desea? —le pregunta sorprendido el director.

—Pues, yo venía a pedir la mano de su hija y cualquier cosa con la que quiera usted contribuir...

—¿A usted le gustan los niños?

—¡Yo como de todo, no se preocupe!

Un amigo le comenta a otro:

—¡Fíjate, por más que lo intento, no consigo vivir con cinco mil pesetas al mes!

—¿Por qué?

—¡Porque sólo gano mil!

Un joven se presenta ante el despacho del director de una importante empresa, y le dice:

—El señor Gómez, me recomienda a usted, para que me otorgue la plaza vacante en su oficina.

Y el director sorprendido, añade:

—¿El señor Gómez? ¡Yo no lo conozco!

—¡No importa, yo se lo presentaré!

Dos enamorados:

—¡Sí, Maruja, puesto que estamos tan enamorados, deberíamos buscar con quien casarnos!

Un médico le dice a un paciente:

—¡Piense, que los médicos tenemos muchos enemigos en este mundo!

Y el paciente, añade:

—Y en el otro, ¿qué?

El señor Pérez va a ver al médico para que le diagnostique lo que tiene su esposa:

—Señor Pérez, su esposa padece una parálisis en la lengua.

—Y, dígame, doctor, ¿hay esperanza de que no se cure, jamás?

Un astrólogo le comenta a otro:

—Según mis cálculos, el nuevo cometa pasará por la Tierra dentro de 2.000.000.000 de años.

—¿Estás seguro? ¡No vayamos a hacer el ridículo!

Un amigo le dice a otro:

—Después de tantos años de viajar continuamente en avión, ¿no te ha ocurrido jamás un accidente?

—Sí, en Valencia, durante un aterrizaje forzoso conocí a mi mujer!

El director de una oficina le dice a un empleado:

—¡Otra vez llega usted tarde! ¿Es que todavía no sabe a qué hora empezamos a trabajar aquí?

—Pues la verdad, no. Como cada vez que vengo han empezado ya...

Un médico le dice a su paciente:

—Pues, la verdad, su enfermedad no me gusta nada.

Y el paciente añade:

—Lo siento, doctor, pero no tengo otra.

María le dice a su novio:

—Sí, Juan, estoy decidida a huir contigo, pero papá dice que vendrá con nosotros porque está harto de fregar la vajilla.

Un médico le pregunta a otro:

—¿Cómo está el paciente de la habitación 320?

—Está ansioso por ver a su mujer.

—¡Ah! ¡Entonces sigue delirando!

Un empleado arrepentido entra en el despacho de su director, y le confiesa:

—Señor, he de decirle que he falsificado una firma suya en un cheque.

—¡Muy bien! ¡Si lo cobras te doy la mitad!

En la escuela, el profesor le pregunta a Jaimito en un examen oral:

—¿Qué sabes de los iberos?

—Pues, que me ha dicho mi padre si recibió usted la caja de puros.

—¡Muy bien! ¡Sobresaliente!

Una mujer le dice a su marido:

—El médico me ha recomendado que me lleves al monte.

—¿Y tú crees que allí me darán algo por ti?

Una chica acompañada de su madre, entra en una tienda de telas y le pregunta al dependiente:

—¿Qué vale esta tela?

Y el joven responde:

—¡Un beso el metro, guapa!

—¡Pues, póngame cinco, y mi mamá ya se lo pagará!

Un amigo le pregunta a otro:

—¿Qué has vendido desde que empezaste a pintar?

—¡Pues, mi mejor traje y algunos muebles!

Un amigo le comenta a otro:

—¿Qué le pasa a Fernando, que dice que no puede salir a flote? ¿En qué negocio se ha metido?
—Invirtió su capital en una fábrica de corcho...

Una secretaria le pregunta a su jefe:
—¿Qué está buscando, señor?
—Mis gafas.
—¡Pero si las lleva puestas!
—¡Ah, muchas gracias, pues ya me iba sin ellas!

Una hija le dice a su padre:
—¡Papá, por favor, acaba de fregar los platos y sacar el polvo antes de que llegue mi novio a pedirte mi mano, no sea que se arrepienta!

Un niño le dice a su profesor:
—¡Bueno, yo no sabré cuándo nació Napoleón, pero estoy seguro de que usted tampoco sabe cuándo nació Búfalo Bill.

Un señor pregunta en un restaurante a un camarero:
—Bien, ¿si no tienen liebre, tendrán gato?
—¡Señor, si tuviéramos gato, ya le hubiésemos traído la liebre!

Un preso le dice a otro que está a punto de fugarse:
—¡Piénsalo bien, Pedro, reflexiona las consecuencias...! ¡Piensa que en tu casa vas a encontrar a tu mujer!

Una amiga le comenta a otra:

—Nada, por mucho que telefoneo, ¡cada vez que me apetece ir de compras, ningún amigo tiene tiempo de acompañarme!

Un ladrón le pregunta a un transeúnte:

—Por favor, caballero, ¿ha visto por aquí una pareja de guardias?

—No, señor, no he visto absolutamente a nadie.

—Pues, entonces, ¡entrégueme la cartera, el reloj y todo lo que lleve de valor!

La señora de la casa le pregunta a su criada:

—Matilde, ¿usted ha sido modista antes de ser criada?

—Sí, señora, ¿por qué lo dice?

—Por la sisa.

☆ ☆ ☆

Dos amigos comentan:

—¡Pobre Luis, menos mal que le han salvado la pierna buena!

—¡Pero si las dos las tiene de palo!

—¡Ya lo sé! Pero una es de caoba!

☆ ☆ ☆

Un mendigo le pregunta a otro que ya es un anciano:

—Dígame, ¿a qué se debe el que haya llegado a tener una edad tan avanzada?

—¡A que soy muy pobre y no tengo donde caerme muerto!

Un amigo le pregunta a otro:

151

—Si a ti te ajusticiasen y después se comprobara tu inocencia, ¿qué dirías?
—¡Ni pío!

Un transeúnte le pregunta a un mendigo que está pidiendo en medio de la calle:
—¿Por qué pide usted?
—Pues, pido porque llevo cinco años sin trabajo.
—¿Y no tiene nada a la vista?
—¡Sólo me faltaría eso, que además tuviera algo en los ojos!

Un apuesto joven va a visitar a una adivina, y ésta le pregunta:
—¿Desea usted saber cómo se llamará su esposa cuando se case?
—No, prefiero que me diga si será huérfana o no.

Una amiga le comenta a otra:
—¡Chica, todos los hombres son tontos!
Y la otra añade:
—¡Bueno, todos, no! ¡Todavía hay solteros!

Un ladrón sale al encuentro de un transeúnte y nervioso, le dice:
—¡La bolsa o la, la, la, la...!
—¡La vida!
—¡Eso es, gracias!
—¡De nada!

El director de una oficina le dice a su secretaria, de la que está enamorado:

—La amo a usted tanto que apartaría de su lado todo cuanto pudiese molestarla o aburrirla.

Y la secretaria, añade:

—¿Cómo? ¿Se va usted de vacaciones?

Una niña le pregunta a su madre:

—Mamá, ¿a los hombres se les puede pegar?

—¡Mientras seas soltera, no es conveniente!

Una señora le pregunta a su nueva criada:

—¿Y ha servido usted en muchas casas?

—En muchísimas señora, ¡y piense que en algunas de ellas he estado bastantes días!

Una esposa le dice a su marido:

—¡No aguanto más, me voy a casa con mi madre!

—Voy yo también, tu madre al menos sabe cocinar.

Una señora le dice a su criada:

—María, el señor está resfriado, póngale una botella en la cama, por favor.

—¿De anís o de coñac?

Un amigo le comenta a otro:

—¡Todavía no han muerto todos los imbéciles!

—¡No, pero cuídate porque tienes muy mala cara!

Un señor le pregunta a un niño:
—¿Y tú, dónde has nacido, guapo?
—Yo no he nacido, tengo madrastra!

Un preso le dice al guardián que le retira la comida:
—¡Felicite de mi parte al cocinero! ¡El pan y el agua estaban buenísimos!

Un amigo le pregunta a otro:
—¿Qué hacías tú antes de casarte?
—¿Antes? ¡Lo que me daba la gana!

El padre de la novia de un apuesto joven, le pregunta a éste:
—Y para casarse con mi hija, ¿cuál es su situación, joven?
—¡Desesperada!

Un joven va a casa del señor García a pedirle la mano de su hija:
—Señor, yo venía a pedirle la mano de su hija.
—¿Cuál de ellas, la mayor o la menor?
—¡Cómo! ¿No tiene las dos manos iguales?

Una chica le dice a un amigo suyo que le resulta muy pesado:

—¡Juan, tienes unos ojos preciosos, pero no me obligues a que te los ponga morados!

Un amigo le comenta a otro:
—¡Mi mujer es insoportable!
—¡Pues enséñale los dientes, hombre!
—¡Ya lo hice una vez y me quedé sin ellos!

Una esposa le dice a su marido:
—¡Eres un borracho, sinvergüenza! ¡Canalla! ¡Asqueroso! ¡Y no sé por qué no te digo todo lo que pienso de ti!

Una amiga le comenta a otra:
—Yo cuando riño con mi marido le amenazo con irme a casa de mamá.
—¡Pues yo —añade la otra—, le amenazo con que mamá se venga con nosotros!

Una esposa le dice a su pobre marido:
—¡Eres incapaz de darme una satisfacción, incluso has dejado de fumar y beber para que yo no pueda prohibírtelo!

Una señora ya entrada en años le dice a un apuesto joven:
—Ahora le voy a enseñar una foto de cuando era joven.
—Pero, señora, ¿ya se había inventado la fotografía?

Un médico le dice a la mujer de su paciente:
—Señora, su marido necesita mucha tranquilidad. Aquí tiene estas pastillas para dormir.
—¿Cada cuánto debo dárselas, doctor?
—¡No tiene que dárselas a él, señora, tiene que tomarlas usted!

Un marido que regresa tarde a casa, le dice a su esposa:
—¡No debes tomártelo así, no te enfades, al fin y al cabo he estado un rato de juerga con los amigos! ¡Somos polvo y en polvo nos convertiremos!
—¿Polvo, eh? ¡Pues ven a que te sacuda!

Un amigo le dice a otro:
—¿Qué llevas en ese paquete?
—Un regalo para una chica.
—¡Ah! ¡Un amorcillo!
—¡No, morcilla!

Un amigo le dice a otro:
—¡Venga, hombre, no te lo tomes así! Tú eres de estos artistas geniales que se mueren de hambre y de frío y que, luego, son famosos cuando se han muerto.

Un señor le dice a un apuesto joven:
—¿Cómo tuvo usted la osadía de besar a mi hija en la oscuridad?
—¡Eso mismo me pregunté yo cuando encendieron la luz!

El padre de la novia de un joven, le dice a éste enfadado:

—¡No quiero que mi hija esté toda la vida con un idiota! Y el joven responde, muy serio:

—¡Lo comprendo, señor, por lo tanto cuanto antes me la lleve mejor!

En una fiesta, un señor le dice a otro:

—Pues yo le conozco a usted de alguna parte.

—¡Sí, es posible, paso por allí muy a menudo!

Una esposa le dice a su marido:

—¿Supongo, que no te habrás olvidado de que hoy es nuestro aniversario de boda?

—No, querida —responde el marido—, ya he dicho a mis compañeros de trabajo que guardaran un minuto de silencio.

Un joven prometido con la hija del señor Pérez, se dirige a su casa y le dice al padre:

—En la fiesta que celebró usted ayer, pedí a su hija que fuese mi esposa y ella aceptó. ¿Me perdona por haber aprovechado esta oportunidad?

—¡Claro, por supuesto! ¿Para qué cree usted que se hizo la fiesta?

El juez le pregunta al acusado:

—Pero, dígame, ¿cómo pudo usted robar esta caja fuerte que pesa una tonelada?

—En un momento de debilidad.

Una señora le dice a un mendigo que está pidiendo limosna en medio de la calle:

—¿No le da vergüenza pedir limosna, en lugar de trabajar?

—¡Señora, yo pido limonsa y no consejos!

Un amigo le dice a otro:

—Yo no fumo, no bebo, en fin, no tengo vicios.

—¿Y no te aburres?

—¡Pues, claro, como una ostra!

Impreso en España por
HUROPE, S. L.
Lima, 3 bis
08030 Barcelona